FESTGABE

ZUM

DOCTOR-JUBILÄUM

DES

HERRN GEHEIMEN JUSTIZRATHES PROFESSORS

DR. HEINRICH THÖL

IN GÖTTINGEN

ÜBERREICHT

VON DER

RECHTS- UND STAATSWISSENSCHAFTLICHEN FAKULTÄT ZU STRASSBURG.

INHALT:

STRASSBURG

VERLAG VON KARL J. TRÜBNER

1879.

Hochgeehrter Herr College!

Zur Feier Ihres Doctor-Jubiläums widmet Ihnen die unterzeichnete Fakultät die in diesem Hefte vereinigten Abhandlungen als ein Zeichen der Dankbarkeit und Verehrung. Vor nunmehr fünfzig Jahren haben Sie Ihre wissenschaftliche Thätigkeit sofort auf dem Gebiete eingesetzt, welches Sie zu erobern Sich vorgenommen hatten, auf dem Gebiete des HANDELS- UND WECHSELRECHTS. Diese Disciplin können Sie jetzt Ihr Eigenthum nennen: Sie haben ihr den Stempel Ihres Geistes aufgedrückt. Auf einem Gebiete, welches zu einem grossen Theil ausserhalb der von den römischen Juristen gezogenen Denklinien liegt, haben Sie gezeigt, was eine mit der angeborenen Kraft durchdringenden Scharfsinnes gepaarte civilistische Bildung auch ausserhalb des eigentlich römischen Civilrechts zu leisten im Stande ist. In Ihrer „EINLEITUNG IN DAS DEUTSCHE PRIVATRECHT" haben Sie sodann die allgemeinen Gesetze des juristischen Denkens dargelegt, in deren Anwendung Sie uns Allen als Meister vorangingen. Durch die Klarheit in der Erfassung der Rechtsverhältnisse und durch die Präzision in der Formulirung der Rechtsregeln stellten Sie zugleich der gesammten Rechtswissenschaft ein Muster vor Augen, das auf die ganze nachwachsende juristische Generation beherrschenden Einfluss geübt hat. Ihre unermüdliche Thätigkeit war nicht nur für die wissenschaftliche Behandlung der Rechtslehre, sondern auch für die Fortbildung des Rechts selbst von den segensreichsten Folgen; Ihr Name wird für alle Zeit in der Geschichte der Herstellung der deutschen Rechtseinheit einen hervorragenden Platz einnehmen. Ihr Antheil an der Abfassung der DEUTSCHEN WECHSEL-ORDNUNG und des DEUTSCHEN HANDELSGESETZBUCHS wird noch späten Geschlechtern unvergessen bleiben. Wer für die glückliche Fortentwickelung

Deutschen Rechts und Deutscher Rechtswissenschaft Interesse empfindet, den wird es mit lebhafter Freude erfüllen, dass Sie in ungebrochener Rüstigkeit und Geistesfrische die fünfzigste Wiederkehr des Tages feiern, an dem Sie die juristische Doctorwürde erworben haben.

Möge Ihnen auch fernerhin noch für lange Zeit Gesundheit und volle Kraft zu erfolgreichem Schaffen beschieden sein!

Strassburg, im Juli 1879.

Die Rechts- und Staatswissenschaftliche Fakultät
der Kaiser Wilhelms-Universität.

DIE JURISTISCHE NATUR

DER

LEBENS- UND RENTENVERSICHERUNG.

VON

PAUL LABAND.

Kein anderes Rechtsgeschäft ist in neuester Zeit so oft zum Gegenstande der wissenschaftlichen Untersuchung gemacht worden wie der Lebensversicherungs-Vertrag. Während die Bezeichnung des Geschäfts, die historische Ausbildung desselben und seine Handhabung in der Praxis darauf hinweisen, in ihm eine Unterart des Assecuranzvertrages zu erblicken, treten andererseits schon bei oberflächlicher Betrachtung so erhebliche Unterschiede entgegen, dass es fraglich erscheint, ob man die Schadensversicherung und die Lebensversicherung unter einen einheitlichen Rechtsbegriff zusammenfassen könne. Dem entspricht es, dass die Einen die Lebensversicherung als eine „eigenthümliche", „modificirte", „besonders geartete" Assecuranz erklären[1], die Andern dagegen für eine Contractsart, welcher neben den übrigen Arten der Verträge ein selbständiger Platz gebühre oder welche mindestens einer andern Vertragskategorie als der Versicherung unterzuordnen sei.[2] Es dürfte nicht ohne Interesse sein, diese Streitfrage einer nochmaligen Erörterung zu unterziehen, wenngleich ein grosser Theil der hierbei maassgebenden Gesichtspunkte

---

[1] *Staudinger*, Rechtslehre vom Lebensversicherungs-Vertrag, S. 53, und die dort Citirten; *Malss* in seiner Zeitschrift für Versicherungsrecht, Bd. II, S. 225 fg., *Reuling* in der Zeitschrift f. das gesammte Handelsr., Bd. XV, S. 326 fg., bes. S. 339 fg., *Predöhl* ebendas., Bd. XXII, S. 441 fg., bes. S. 465, *Goldschmidt*, Handbuch des Handelsr., Bd. I, S. 582, und Zeitschrift Bd. XXIII, S. 179 fg.

[2] Vgl. *meine* gelegentlichen Bemerkungen in der Zeitschrift f. das ges. Handelsr., Bd. XIX, S. 644 fg., sodann *Adler* in Hauser's Zeitschr. f. Reichs- und Landesrecht, Bd. II, S. 40—48, inbesondere aber *Hinrichs* in der Zeitschr. f. das ges. Handelsr., Bd. XX, S. 339 fg., *Thöl*, Handelsrecht, 5. Aufl., § 310 und *Stobbe*, Deutsches Privatrecht, § 198.

schon anderweitig hervorgehoben worden ist; denn theils lassen sich die Ausführungen Anderer hier ergänzen, theils gewährt diese Untersuchung an einem concreten Beispiel einen Einblick in das Verhältniss der juristischen Begriffsbildung zur sprachlichen Begriffsbildung, der vielleicht auch für andere Probleme der juristischen Construction von Werth sein könnte.

I.

Um zu einer befriedigenden Lösung der Frage zu gelangen, ist es vor Allem erforderlich, die juristische Charakteristik der Schadensversicherung, welche wir kurzweg Assecuranz nennen, möglichst scharf festzustellen. Als unbestritten darf hierbei angenommen werden, dass Zweck und Inhalt des Geschäfts darin besteht, dass der Versicherer eine Gefahr übernimmt, der das Vermögen des Versicherten ausgesetzt ist. Die Gefahr selbst kann durch Abschluss eines solchen Vertrages natürlich weder abgewendet noch auf den Assecuradeur übertragen werden, sondern es kann nur der Schaden, welchen der Eintritt des Ereignisses an dem Vermögen des Versicherten anrichtet, aus dem Vermögen des Versicherers ersetzt werden. So selbstverständlich und trivial dieser Satz erscheint, so wichtig ist seine bewusste und consequente Festhaltung, die in den meisten Darstellungen des Versicherungsrechts zu vermissen ist. Insbesondere ergiebt sich aus ihm, in welchem Sinne von einem versicherten Gegenstande, von einem Versicherungs-Objecte, die Rede sein kann. Wenn A. sein Mobiliar gegen Feuer versichert, so vermindert er dadurch nicht im Geringsten die Gefahr, dass dasselbe abbrennt; vielleicht vergrössert er dieselbe sogar, indem er das Motiv zur Vorsicht, seine Furcht vor einer Feuersbrunst, abschwächt; und wenn das Feuer bei ihm ausbricht, so kann es der Assecuradeur nicht für ihn erdulden. Alles, was der Assecuradeur vermag, beschränkt sich darauf, dass er dem

Versicherten den durch das Feuer angerichteten Schaden, soweit derselbe in Geld schätzbar ist, ersetzt. Es ist daher eine laienhafte, unjuristische Ausdrucksweise, wenn man sagt, dass das Mobiliar des A. gegen Feuer versichert sei und ebenso, dass der A. selbst gegen Feuer versichert sei; versichert ist vielmehr lediglich das Vermögen des A. gegen denjenigen Schaden, der demselben durch Verbrennen des Mobiliars erwachsen könnte, oder mit andern Worten: das in Geld schätzbare Interesse, welches A. daran hat, dass sein Mobiliar nicht durch eine Feuersbrunst zerstört oder beschädigt wird. Das einzig mögliche Object der Assecuranz ist in allen Fällen das Vermögen des Assecuraten; die Versicherbarkeit des Vermögens aber beruht darauf, dass es unabhängig ist von der individuellen Existenz und Beschaffenheit seiner einzelnen Bestandtheile, dass es eine universitas juris ist, von welcher der Satz gilt: pretium succedit in locum rei. Denn dasselbe Ereigniss, welches das Vermögen des Assecuraten durch Vernichtung von Werthobjecten vermindert, führt demselben ein Aequivalent zu, nämlich die Forderung an den Assecuradeur auf Ersatz. Dadurch dass der Unglücksfall zugleich werthvernichtend und wertherzeugend in Rücksicht auf dieses Vermögen wirkt, erscheint dasselbe als versichert.

Dieser Satz ist aber nicht nur von Wichtigkeit für die richtige Begriffsbestimmung der Assecuranz, sondern er ist ein Princip, aus welchem sich eine ganze Reihe von praktisch bedeutsamen Consequenzen ableiten lässt. Es folgt aus ihm zunächst, dass durch den Assecuranzvertrag immer nur eine Compensation zwischen Vermögens-Nachtheilen und Vermögens-Vortheilen (Ersatzforderungen) erzielt werden kann, und dass also alle andern Nachtheile, welche der Eintritt der Gefahr mit sich bringt, unversicherbar sind, weil sie mit der auf Ersatz gerichteten Geldforderung incommensurabel erscheinen. So kann z. B. Niemand eine Versicherungssumme dafür fordern, dass er durch die Feuersbrunst Schreck, Angst und Aergerniss erduldet hat, dass er oder die Seinigen in Folge derselben Schaden an der Gesundheit genommen, dass er wegen fahrlässiger Brandstiftung strafrechtlich verantwortlich gemacht worden sei u. dgl., und insbesondere kann er das sogenannte Affections-Interesse an beschädigten oder vernichteten Gegenständen nicht geltend machen, weil dasselbe nicht pecuniärer, sondern psychischer Natur ist und daher mit einer Geldforderung sich nicht compensiren lässt. Es ergiebt sich ferner aus demselben Grundsatz, dass auf Grund eines Unglücksfalles nur Derjenige eine Ersatzforderung erlangen kann, der durch denselben Unglücksfall eine Vermögensminderung erlitten hat; und hieraus folgt, dass auch nur Derjenige in der Lage ist, einen Assecuranzvertrag mit Bezug auf einen gewissen Unglücksfall abzuschliessen, dessen Vermögen von diesem Unglücksfall vermindert werden kann, nicht ein Unbetheiligter, dessen Vermögen bei dem Eintritt des Unglücks unversehrt bleibt. Hierdurch ist die Grenze zwischen der wirklichen, rechtlich gültigen Versicherung und der unerlaubten und unwirksamen Wettassecuranz gezogen; die letztere ist in allen Fällen vorhanden, in welchen das Eintreten des Unglücks für den Versicherten nicht zugleich werthvernichtend und wertherzeugend, sondern lediglich wertherzeugend wirken würde.

Sodann beruht auf dem oben hingestellten Grundsatz das Verbot der Ueberversicherung und die Regel, dass der Versicherte in keinem Falle mehr als den vollen Ersatz des erlittenen Schadens beanspruchen kann; denn auch nicht theilweise kann das Eintreten des Unglücksfalles eine Bereicherung des versicherten Vermögens herbeiführen. Und aus demselben Princip erklärt sich leicht und einfach die rechtliche Behandlung der sogenannten Doppelversicherung, der mehrfachen Versicherung desselben Vermögens-Interesses gegen dieselbe Gefahr.

Wenngleich nun der bisher besprochene Grundsatz

nicht ausreicht, um das Versicherungsgeschäft vollständig zu charakterisiren, so haben wir doch in demselben eines derjenigen Momente, aus denen der Begriff der Assecuranz zusammengesetzt ist, und wir können daher zunächst untersuchen, ob dieses Moment und die aus ihm sich ergebende Reihe von Folgesätzen bei der Lebensversicherung wiederkehrt. Hier ergiebt sich sofort in allen Beziehungen ein völlig negatives Resultat.

1. Die Lebensversicherungs-Summe ist bekanntlich nach dem Tode Desjenigen auszuzahlen, auf dessen Leben die Versicherung gestellt ist; der Tod übt daher hier scheinbar dieselbe Wirkung, welche bei den verschiedenen Arten der Assecuranz derjenige Unglücksfall hat, nach welchem dieselben genannt werden; er ist Voraussetzung für die Zahlungspflicht des Versicherungsgebers. Es wird daher von allen Denjenigen, welche die Gleichartigkeit der Lebensversicherung und der Schadensversicherung verfechten, als ein schadenbringendes Ereigniss erklärt; Zweck und Inhalt der Lebensversicherung sei Ersatz zu finden für die Vermögenseinbusse, die der Tod bewirkt. Denn dass auch hier der psychische Schmerz, den der Tod des Versicherten bei den Ueberlebenden hervorrufen kann, oder irgend ein anderes Uebel als ein pecuniäres, das er für sie vielleicht im Gefolge hat, nicht in Betracht kommen kann, ist selbstverständlich und im Wesentlichen unbestritten.[1]

Der pecuniäre Schaden, den der Tod anrichte, soll darin bestehen, dass er die Arbeitskraft, die Productions- und Sparfähigkeit eines Menschen vernichte, also einen

---

[1] *Beseler*, Deutsches Privatrecht, § 111 (3. Aufl., S. 466), meint freilich, „das Interesse brauche nicht nothwendig ein pecuniäres zu sein, sondern könne auch auf Rücksichten der Verwandtschaft, der Pietät beruhen". Diese sonderbare Rechtswirkung der Pietät aber, dass der Verlust eines Angehörigen durch den Gewinn einer Geldsumme ausgeglichen werden könne, erweist sich bei näherer Betrachtung lediglich als eine Verwechselung mit den rechtspolizeilichen Beschränkungen des Abschlusses der Versicherungen auf das Leben dritter Personen.

kapitalerzeugenden Factor, dem ein wirthschaftlicher Werth zukomme.[1] Hiergegen ist nun der Einwand nahe liegend, dass der Mensch nicht nur Arbeitskraft, sondern auch Genussbedürftigkeit hat, dass er nicht nur producirt, sondern auch consumirt, dass seiner Sparfähigkeit die Verschwendungsfähigkeit gegenübersteht, dass also der Tod eines Menschen nicht nur einen kapitalerzeugenden, sondern zugleich einen kapitalvernichtenden Factor aus der Welt schafft.[2] Selbst wenn man aber zugeben wollte, dass im Allgemeinen der cultivirte Mensch an wirthschaftlichen Gütern mehr produciren kann, als er zur Bestreitung seiner Lebensbedürfnisse braucht, dass daher je länger ein Mensch lebt, desto mehr Vermögen von ihm angesammelt werden kann: so ist es dennoch logisch völlig unmöglich, den Tod ein schadenbringendes Ereigniss in demjenigen Sinne zu nennen, wie es bei der Assecuranz vorausgesetzt wird. Denn in keinem Falle beschädigt der Tod ein Vermögen oder Vermögensobject; das Vermögen wird nur durch ihn zum Nachlass; es wechselt seinen Herrn, indem es auf den Erben übergeht, aber es vermindert sich nicht in seinem Bestande.[3] Im Hinblick auf die allgemeine Volkswirthschaft und auf die Leistungskraft der Nation mag in vielen Fällen der Tod eines Menschen ein wirthschaftlicher Verlust sein; daraus aber darf man nicht den Satz herleiten, dass er auch in privatrechtlicher Beziehung als schadenbringender Unfall zu erachten sei. Denn was er zerstört,

---

[1] Vgl. namentlich *Ludw. Cohn*, Der Versicherungs-Vertrag, S. 15 fg. Diese Ansicht ist aber auch sonst verbreitet; so sagt z. B. *Gierke*, Genossenschaftsrecht, Bd. I, S. 1058: „Das wirthschaftlich grösste Uebel ist der Tod."

[2] Vgl. Zeitschrift f. das ges. Handelsr., Bd. XIX, S. 645.

[3] Es giebt allerdings Ausgaben und Vermögensminderungen, welche der Tod als solcher im Gefolge haben kann, z. B. die Kosten des Begräbnisses, des Grabdenkmals, der Trauerkleider, die Erbschaftssteuer u. dgl.; aber gerade diese durch den Tod verursachten Unkosten stehen in gar keiner Beziehung zu dem Lebensversicherungs-Vertrage, und nach Ansicht der Gegner soll die Versicherungssumme nicht für sie, sondern für die Vernichtung einer menschlichen Arbeitskraft Ersatz gewähren.

ist nicht Vermögensobject, sondern Vermögenssubject. Nur wenn man die ganz unzulässige, den Begriff der Person aufhebende Theorie festhalten wollte, dass der Mensch ein Privatrecht an seiner eigenen Arbeitskraft habe und die letztere daher als Bestandtheil seines Vermögens zu erachten sei, könnte man den Tod eines Menschen in ähnlichem Sinne wie Viehsterben, Feuersbrunst oder Schiffbruch einen vermögensrechtlichen Schadensfall nennen.

Auch der Umstand, dass durch den Tod eines Menschen bisweilen die Angehörigen desselben ihren Ernährer und Erhalter verlieren, darf nicht dazu verleiten, den Tod einem vermögensrechtlichen casus gleichzustellen; denn auch die Familienglieder haben kein Privatrecht an der Arbeitskraft und Fürsorge des Hausvaters, sie büssen daher durch den Tod desselben kein Recht ein, das sie in bonis gehabt hätten. Nicht ein Vermögensobject wird getroffen, sondern ein ethisches Verhältniss wird gelöst, das für den Maassstab des Privatrechts völlig incommensurabel ist.

Wenn nun das Wesen der Assecuranz darin besteht, dass für eine casuelle Vermögensbeschädigung eine äquivalente Vermögensvermehrung in der Ersatzforderung des Versicherten gewährt werden soll, so ergiebt sich, dass die Lebensversicherung diesem Begriffe sich nicht subsumiren lässt, weil es bei ihr an dem Erforderniss der casuellen Vermögensbeschädigung gebricht.

2. Wollte man nun aber daran festhalten, dass der Tod eines Menschen unter gewissen Umständen doch thatsächlich wie ein vermögensschädigendes Ereigniss wirken, dass er überlebende Personen thatsächlich in Noth und Sorgen stürzen und ihnen, wenn auch nicht Vermögen, so doch Vermögensquellen nehmen könne, so würde daraus nur die Möglichkeit einer Todes-Assecuranz nach Art der Schadensversicherung folgen, indem man die thatsächlich eintretende Verschlechterung der wirthschaftlichen Lage einer Vermögens-Einbusse analog behandeln könnte. Von

dieser Möglichkeit wird aber bei der Lebensversicherung, so wie sie im Rechtsleben wirklich vorkommt, kein Gebrauch gemacht[1]; denn bei ihr wirkt der Tod des Versicherten anders, wie der Eintritt des casus bei der Assecuranz. Der Assecurat hat nur in dem Falle einen Anspruch auf Ersatz, dass ihm der Unfall auch wirklich pecuniären Schaden gebracht hat, und nur in dem Umfange, als dies geschehen ist; er muss daher den Causalzusammenhang zwischen dem Unfall und seiner Vermögens-Einbusse darthun und seinen Schaden liquidiren. Bei der Lebensversicherung dagegen tritt die Zahlungspflicht des Versicherungsgebers auch dann ein, wenn derjenige, auf dessen Leben die Versicherung gestellt war, wegen hohen Alters oder schwerer Krankheit gänzlich arbeitsunfähig war, wenn seine Pflege und Erhaltung grosse Geldaufwendungen nothwendig machte, sein Tod daher in pecuniärer Hinsicht als ein commodum erscheint. In keinem Falle aber braucht der zum Empfange des Versicherungskapitals Berechtigte eine Liquidation seines Schadens einzureichen; selbst wenn er in Folge dieses Todesfalls vielleicht eine bedeutende Erbschaft gemacht hat, also durch denselben bereichert worden ist, so ist er dennoch zur Forderung des

---

[1] Dagegen ist die sogenannte Unfallversicherung oder Lebensversicherung „auf kurze Zeit" auf diesen Gedanken zurückzuführen.

Bemerkenswerth ist die Art und Weise, wie sich der *Guidon de la mer*, XVI, 5, darüber äussert; er sagt: Autre sorte d'asseurance est faite par les autres nations sur la vie des hommes, en cas qu'ils decedassent estant sur leur voyage, de payer telles sommes à leurs héritiers ou créanciers. Mesme les créanciers pourront faire asseurer *leurs dettes*, si leur debiteur passoit de pays en autre; le mesme feroient ceux, qui auroient rentes ou pensions en cas qu'ils decedassent, de continuer par telles années à leurs héritiers telle pension ou rente, qui leurs estoit deue: *qui sont toutes pactions réprouvées contre les bonnes moeurs et coutumes*, dont il arrivait une infinité d'abus et tromperies, pour lesquelles ils ont esté contraints abolir et defendre lesdits usages, qui sera aussi prohibé et defendu en ce pays.

Die Ordonnance de la marine von 1681, Lib. III, Tit. VI, art 10, bestimmt in diesem Sinne: „Defendons de faire aucune assurance sur la vie des personnes", während im Art. 9 die Assecuranz des Lösegeldes für den Fall der Gefangenschaft gestattet ist. Ebenso das Preuss. Seerecht von 1727, Cap. VI, Art. 10.

Versicherungskapitals befugt. Es ergiebt sich also, dass es für die Lebensversicherung gänzlich unerheblich ist, ob für den Berechtigten mit dem Tode des Versicherten pecuniäre Vortheile oder Nachtheile verbunden sind. Bei der wahren Assecuranz erzeugt der Eintritt des casus dadurch, dass er den Schaden verursacht, die Forderung auf Ersatz; bei der Lebensversicherung dagegen kommt der Tod nicht als Schadens-Ursache in Betracht, sondern er bestimmt lediglich die Fälligkeit der Forderung und deshalb ist es sehr wohl möglich, dass anstatt des Todes ein anderes Ereigniss oder auch nur die Erreichung eines gewissen Lebensalters des Versicherten die Fälligkeit der Versicherungssumme herbeiführt.[1]

3. Die Versicherungssumme hat bei der Assecuranz die Bedeutung, dass sie das Maximum der Leistung des Assecuradeurs bestimmt; aber nicht die, dass diese Summe beim Eintritt des casus gezahlt werden müsse. Nur so hoch der Schaden sich beziffert, den der Versicherte erlitten, hat ihn der Versicherer — innerhalb der Versicherungssumme — zu ersetzen. Bei der Lebensversicherung dagegen ist, da ein Schaden überhaupt nicht in Betracht kommt, stets das von vornherein festgesetzte Kapital zu entrichten. Aus diesem Grunde ist auch der Begriff der Ueberversicherung auf die Lebensversicherung ganz unanwendbar; denn die Ueberversicherung beruht auf einer Ueberschätzung des pecuniären Interesses, bei der Lebensversicherung fehlt es an diesem Interesse und mithin auch an einer Schätzung desselben. Dasselbe gilt auch von der Theilversicherung. Bei der Assecuranz erzeugt dieselbe eine Verpflichtung des Assecuradeurs zur antheilsmässigen Tragung des eingetretenen Schadens; auf die Lebensversicherung findet dies keine Anwendung. Bei der Assecuranz steht die Prämie in einem festen Verhältniss nur zur Maximal-

---

[1] *Hinrichs*, a. a. O., S. 372 fg.

summe, dagegen berechnet sich die wirklich zu leistende Summe nach dem Schaden; bei der Lebensversicherung bestimmt sich die wirklich zu zahlende Summe ausschliesslich nach der Prämie.

4. Auf demselben Grunde beruht es, dass die mehrfache Versicherung eine völlig entgegengesetzte juristische Behandlung bei der Lebensversicherung wie bei der Assecuranz hat. Bei der letztern kann der Versicherte immer nur Ersatz des Schadens fordern; sein Vermögens-Interesse an dem casus lässt sich nicht vervielfältigen. Doppelversicherungen können daher nur in dreifacher Weise wirksam sein; entweder so, dass alle Assecuradeure solidarisch haften und die Zahlung des Einen die Andern befreit, oder indem sie proratarisch haften, so dass alle zusammen nur so viel zahlen, als der Schaden beträgt, oder endlich, dass sie subsidiarisch haften, so dass in erster Linie Einer von ihnen die Zahlung zu leisten hat, der Andere dagegen nur für den Fall der Zahlungsunfähigkeit etc. des Ersten in Anspruch genommen werden kann. Unmöglich ist dagegen, dass sämmtliche Assecuradeure cumulativ obligirt seien und dass jeder von ihnen die ganze Versicherungssumme zu zahlen habe.[1] Gerade dieser bei der Assecuranz unmögliche Fall ist aber bei der Lebensversicherung der regelmässige, weil es eben hier an einem in Geld schätzbaren Interesse und an der Voraussetzung eines erlittenen Schadens fehlt. Jede der mehreren Lebensversicherungen steht vollgültig neben den andern, aus jeder geht der Anspruch auf Zahlung des vollen Kapitals hervor; denn jede hat ihr ganz selbstständiges Fundament in den eingezahlten Prämien.

5. Der bisher erörterte Gegensatz zwischen Assecuranz

---

[1] Der Fall, dass verschiedene Vermögens-Interessen, die sich auf dieselbe Sache beziehen, oder dass verschiedene Theile desselben Vermögens-Interesses bei verschiedenen Assecuradeuren versichert sind (sogen. Nach-Versicherung), ist von der Doppelversicherung wohl zu unterscheiden.

und Lebensversicherung macht sich auch hinsichtlich der Uebertragbarkeit der Forderungen geltend. Die Assecuranzforderung kann, so lange der Unfall noch nicht eingetreten ist, nur an denjenigen übertragen werden, auf welchen das Vermögensinteresse an der versicherten Sache übergeht, weil nur für ihn eine Ausgleichung zwischen der werthvernichtenden Wirkung des Unfalls und der Ersatzforderung auf Grund des Assecuranzvertrages möglich ist. Wenn ich mein Haus gegen Feuer versichert habe, so bin ich weder im Stande die eventuellen Ansprüche gegen den Assecuradeur zu veräussern und das Haus selbst zu behalten, noch die Assecuranzpolice einem Andern als dem neuen Erwerber des Hauses zu übertragen. Der Lebensversicherungs-Anspruch dagegen kann auch vor dem Eintritt des Todesfalles, der die Fälligkeit bewirkt, an jeden beliebigen Dritten veräussert werden, da ein Vermögens-Interesse des Berechtigten an dem Todesfalle, auf welchen die Police gestellt ist, nicht von rechtlichem Belang ist.

6. Alle bisher aufgeführten Unterschiede zwischen Assecuranz und Lebensversicherung leiten sich daraus ab, dass der Anspruch auf die Assecuranzsumme einen pecuniären Schaden, den der Berechtigte erlitten, zur wesentlichen Voraussetzung hat, der Anspruch auf die Lebensversicherungssumme dagegen nicht. Aber auch die übrigen begrifflichen Momente der beiden in Rede stehenden Vertragsarten zeigen denselben Mangel an Uebereinstimmung. Dies gilt insbesondere auch von dem Begriff der „Gefahr“. Ein Vertrag, durch welchen der Eine schlechthin das periculum übernimmt, welchem das Vermögen oder ein einzelnes Vermögensstück des Andern ausgesetzt ist, kommt thatsächlich nicht vor; denn er entspricht keinem wirthschaftlichen Bedürfniss; die Assecuranz, wie sie in Wirklichkeit existirt, bezieht sich immer nur auf eine ganz bestimmte Art von Gefahr. Der Begriff des periculum im Sinne des

allgemeinen Privatrechts ist aber viel weiter als der Begriff der Gefahr im Sinne des Assecuranzrechts. Insbesondere ist dieser letztere Begriff unanwendbar auf den Verderb oder Untergang eines Gegenstandes in Folge seiner natürlichen Beschaffenheit oder bestimmungsmässigen Abnutzung. Jede zum wirthschaftlichen Gebrauch dienende Sache hat gleichsam eine Lebensdauer, mit deren Ablauf sie werthlos wird und wirthschaftlich untergeht. Gegen diese Vermögensminderung giebt es keine Versicherung; ihre Compensation kann nur durch die Ansammlung eines Erneuerungsfonds geschehen. Nur solche Ereignisse sind im Sinne des Assecuranzrechts „Gefahren", denen ein Vermögensobject nach seiner Natur oder wirthschaftlichen Bestimmung nicht unterliegen muss, von denen es verschont bleiben kann; von denen es wenigstens während eines bestimmten Zeitraumes (Versicherungsperiode) nicht betroffen zu werden braucht. Mit dem Ablauf dieses Zeitraumes erlischt das Risico des Assecuradeurs, sobald feststeht, dass der Unfall nicht eingetreten ist.

An einer Gefahr in diesem Sinne fehlt es bei der Lebensversicherung vollkommen; denn die Versicherungssumme ist nicht zu zahlen, falls der Versicherte innerhalb einer bestimmten Zeit stirbt, wie z. B. bei der sogenannten Transport- und Unfallversicherung, sondern überhaupt nach seinem Tode. Dass dieser Tod aber einmal eintritt, ist keine Gefahr, sondern eine in der natürlichen Beschaffenheit des Menschen gegebene Nothwendigkeit; die Assecuranz erfordert eine Ungewissheit, ob der Unfall eintritt; bei der Lebensversicherung dagegen besteht Ungewissheit nur darüber, wann der Tod erfolgen wird.[1] Daher gibt es bei der Lebensversicherung auch kein Risico des Versicherungsgebers, welches mit einem bestimmten Zeitpunkt aufhört, sondern seine Verpflichtung zur Auszahlung des

---

[1] *Stobbe*, a. a. O., S. 364.

versprochenen Kapitals ist eine für alle Fälle bestehende, von keinem ungewissen Ereigniss abhängige, sondern nur durch einen dies incertus quando modificirte.

7. Endlich ist auch trotz scheinbarer Aehnlichkeit der Begriff der Prämie bei beiden hier in Rede stehenden Geschäften verschieden. Bei der Assecuranz dient dieselbe zur Deckung von Verlusten, welche durch Naturereignisse oder andere Unfälle an wirthschaftlichen Gütern angerichtet worden sind; abgesehen von den Geschäftsunkosten und dem Unternehmergewinn des Assecuradeurs, wird daher die Gesammtsumme der Prämien von der Gesammtsumme der Schadensbeträge absorbirt; wenigstens nähert sich derjenige Betrieb des Versicherungsgeschäftes am meisten der ideellen Vollkommenheit, bei welchem die Gesammtsumme der erhobenen Prämien der Gesammtsumme der zu leistenden Schadensvergütungen am nächsten kommt. Zweck des Assecuranzgeschäftes ist nicht die Vermehrung des vorhandenen Bestandes an wirthschaftlichen Gütern, also ein eigentliches lucrum; sondern Ausgleichung der durch Unfälle eingetretenen Verminderung, des erlittenen damnum. Durch alle denkbaren Assecuranzen kann man niemals reich werden, sondern nur reich bleiben; die Prämie aber ist für den Versicherten in jedem Falle verloren. Die an den Assecuradeur gezahlten Prämien bilden keinen Bestandtheil des Vemögens des Versicherten mehr, sondern sind consumirt.

Bei der Lebensversicherung gilt auch in dieser Hinsicht das Gegentheil. Vermögensverluste sind hier nicht vorhanden; den eingezahlten Prämien steht kein Schaden gegenüber; alle durch Prämien aufgesammelten Beträge bilden eine positive Vermehrung des vorhandenen Kapitals, eine echte Errungenschaft; die Prämien sind für den Versicherten nicht verloren oder von ihm consumirt, sondern für ihn erspart; das Versicherungskapital bildet das Resultat seiner wirthschaftlichen Productivität und der Anspruch auf dasselbe bildet einen disponiblen Bestandtheil seines Vermögens. Bei der Assecuranz ist die Prämie nicht das primäre, sondern das secundäre Element; ihre Grösse kann daher nicht nach freiem Belieben normirt werden, sondern ist durch das thatsächlich gegebene Vermögens-Interesse des Versicherten im Zusammenhange mit dem aus der Erfahrung ermittelten Umfang des zu erwartenden Schadens mit Nothwendigkeit bestimmt. Bei der Lebensversicherung dagegen ist die Prämie ihrer Höhe nach an gar keine Schranke gebunden; sie hängt allein von dem Willen und der Leistungskraft des Versicherungsnehmers ab; und sie ihrerseits liefert den Maassstab, nach welchem sich die Höhe des Versicherungskapitals berechnet.

Mit dieser verschiedenen Natur der Prämie hängt es zusammen, dass die Periodicität durch das Wesen der Assecuranz geboten ist, während sie dem Wesen der Lebensversicherung widerspricht.[1] Bei der Assecuranz steht die Grösse des Risico im proportionalen Verhältniss zur Länge der Zeit und deshalb muss einer bestimmten Prämie auch eine bestimmte Versicherungsdauer entsprechen; bei der Lebensversicherung fehlt es an einem zeitlich begrenzten Risico des Versicherungsgebers ganz und gar und daher kann auch die Prämie in keinerlei Verhältniss dazu stehen. Wenngleich die Einzahlungen an bestimmten periodisch wiederkehrenden Terminen vom Versicherungsnehmer eingezahlt werden, so bezeichnen diese Termine doch nicht Versicherungsabschnitte von selbständiger Bedeutung, sondern es besteht ein einheitliches, die ganze Lebensdauer des Versicherten umfassendes Rechtsverhältniss; die Einzahlungen sind nur Theilzahlungen auf Grund desselben Rechtsgeschäftes, und ihnen steht in ihrer Gesammtheit eine einzige und einheitliche Gegenverpflichtung des Versicherungsgebers gegenüber. Bei der echten Versicherung

---

[1] *Hinrichs*, S. 375.

dagegen entspricht jeder Prämienzahlung eine besondere Gegenverpflichtung, ein zeitlich begrenztes Risico, und dies ist auch dann der Fall, wenn der Versicherungsvertrag von Anfang an auf eine Mehrheit von Versicherungsperioden geschlossen wird.[1]

II.

Die vorstehende Untersuchung ergab durchweg nur Verschiedenheiten zwischen der rechtlichen Gestaltung der Assecuranz und derjenigen der Lebensversicherung; kein Begriffsmoment und kein Rechtssatz wurde bei beiden übereinstimmend gefunden. Und doch würde man fehlgehen, wenn man das Vorhandensein einer Verwandtschaft der beiden Rechtsinstitute gänzlich leugnen wollte; schon der gemeinsame Name Versicherung beweist hinlänglich, dass es an irgend einem gemeinsamen Merkmal nicht fehlen kann. Es fragt sich demnach, worin dasselbe besteht und welche rechtliche Bedeutung demselben zukommt.

Wir haben im Vorhergehenden den einzelnen Assecuranzvertrag dem einzelnen Lebensversicherungsvertrage gegenübergestellt; eine solche Betrachtung ist auch durchaus nothwendig, um den juristischen Inhalt des Rechtsverhältnisses, d. h. die aus dem Vertrage hervorgehenden gegenseitigen Rechte und Pflichten der Contrahenten zu ermitteln. Um aber das Wesen beider Geschäfte zu verstehen und richtig zu würdigen, ist es erforderlich, auch die Art ihres geschäftlichen Betriebes zu berücksichtigen und den wirthschaftlichen Vorgang, der sich in den Formen dieser Geschäfte vollzieht, zu untersuchen.

---

[1] Wenn Jemand sein Mobiliar gegen Feuer auf zehn Jahre gegen eine jährliche Prämie von 2‰ versichert, so schliesst er in Wahrheit zehn Versicherungsgeschäfte für zehn aufeinanderfolgende Versicherungsperioden ab. Nach Ablauf jedes Jahres ist das betreffende Geschäft realisirt; ist in diesem Jahre das Mobiliar verschont geblieben, so hat der Assecuradeur die Jahresprämie definitiv gewonnen; ist das Mobiliar untergegangen, so verliert der Vertrag für die Folge seine Wirksamkeit und der Versicherte braucht die Prämien nicht weiter zu zahlen.

Durch die geistvollen Ausführungen *v. Ihering's* ist darauf hingewiesen worden, dass es zwei Grundformen des Verkehrs giebt, deren Typen der Tausch und die Societät sind. Die Austauschgeschäfte haben ihren Platz, wenn die Bedürfnisse und die beiderseitigen Leistungen verschieden, einander entgegengesetzt sind; die Associationsgeschäfte haben zur Voraussetzung die Identität der Interessen, die Gemeinsamkeit des Zwecks.[1] Beide Formen können aber zu demselben Erfolge Verwendung finden; die erforderlichen Mittel können ebenso wohl durch commutatorisches Geschäft (Kauf, Dienstmiethe), wie durch ein Associationsgeschäft zusammengebracht werden. Der Typus des Tausches repräsentirt die frühere und darum niedere, die Association die spätere, einer höhern Cultur entsprechende Stufe der Verkehrsentwickelung.[2] Wendet man diese Gesichtspunkte auf die Versicherungsverträge an, so gewinnt man für das Wesen derselben ein volleres Verständniss; es zeigt sich aber, dass nicht die Form der Association oder des Tausches bei dem einzelnen Rechtsgeschäft entscheidend ist, sondern die Art des gewerblichen Betriebes und dass demgemäss auch keineswegs die Societätsform immer als ein Merkmal der höhern Entwickelungsstufe angesehen werden darf, sondern dass im Gegentheil diejenige Form des Rechtsgeschäftes die vollendetste ist, bei der die Vortheile der Association mit der Einfachheit des Austauschgeschäftes verknüpft sind.

In der älteren Zeit kann man Spuren einer Art von Assecuranz als commutatorisches Geschäft nachweisen. Die Vereinbarung über Gewährung des Geleites[3] (salvus conductus) gleicht einem Werkverdingungs-Vertrage; der Geleitsgeber leistet eine Art von Arbeit gegen Lohn; die sichere Bedeckung und Beschützung des geleisteten Trans-

---

[1] Vgl. *v. Ihering*, Zweck im Recht, Bd. I, S. 132 fg., 213 fg.

[2] *v. Ihering*, a. a. O., S. 134. 220.

[3] Vgl. *Stobbe*, Deutsches Privatrecht, Bd. III, §. 197, S. 354.

ports ist das von ihm herzustellende opus; der Ersatz des durch Räuber etc. verursachten Schadens das Surrogat dieser Leistung. Bei diesen Geleitsverträgen war jedes einzelne Geschäft isolirt und ohne innern Zusammenhang mit andern. Wirthschaftliche und privatrechtliche Bedeutung haben diese Geschäfte aber nicht erlangt; ihre geschichtliche Fortbildung führt ganz in das Gebiet des öffentlichen Rechts, zur staatlichen Handhabung des Landfriedens, zur Entstehung von Durchgangsabgaben etc. Dagegen beruht die Assecuranz des modernen Rechtes von ihrem ersten Ursprung an auf der Durchführung des Associationsprincips. Der durch sie realisirte Gedanke ist einfach der, dass die durch gewisse Unfälle einem der Genossen zugefügte Vermögenseinbusse, die ihn wirthschaftlich zu Grunde richten könnte, auf alle Genossen antheilsmässig vertheilt und dadurch für alle wirthschaftlich unschädlich gemacht wird.[1] Anwendungen dieses Princips sind gewiss seit undenklichen Zeiten vorgekommen, aber nur unter Personen, die schon durch irgend ein anderes Verhältniss mit einander verbunden waren. In dieser Gestalt war die Assecuranz kein selbstständiges Rechtsgeschäft und durch diese Verbindung der Schadensgemeinschaft mit irgend einer andern Gemeinschaft war ihre Ausbildung beschränkt, ihr Erfolg gelähmt. Die Grossartigkeit, welche das Rechtsinstitut der Assecuranz gewonnen hat und ihr Einfluss auf die Gestaltung der Wirthschafts- und Rechtsverhältnisse beruht darauf, dass die Schadensgemeinschaft von jeder andern Gemeinschaft gelöst, die Repartirung des Schadens als selbstständiger Associationszweck hingestellt worden ist. Dadurch ist es ermöglicht, dass grosse Massen von Personen, die mit einander im Uebrigen in keinerlei Beziehung stehen, zu einer Association sich verbinden und dass dadurch eine Vertheilung des Schadens,

---

[1] *Reuling*, Zeitschr. f. das ges. Handelsr., Bd. XV, S. 58.

der einzelne Mitglieder trifft, auf so zahlreiche Genossen durchgeführt wird, dass die auf den Einzelnen entfallende Quote auf einen geringfügigen Betrag herabsinkt.[1] Dieses Verhältniss tritt nun ganz rein und deutlich bei der Versicherung auf Gegenseitigkeit hervor; bei ihr ist auch in formell juristischer Hinsicht kein Zweifel möglich, dass das Rechtsverhältniss eine Societät und die Versicherung der Mitglieder der Zweck derselben ist.

Aber gerade die Grösse der Association, die sehr bedeutende und unbeschränkte Mitgliederzahl in Verbindung mit der Einfachheit des Associationszwecks führt zu einer Ueberwindung der Societätsform. Die Erfahrung lehrt, dass der Procentsatz der versicherten Werthobjecte, welcher durch gewisse Unfälle während eines bestimmten Zeitraumes vernichtet wird, bei der Fortdauer gewisser gegebener Umstände ziemlich gleich bleibt und dass diese Constanz um so zuverlässiger und vollkommener wird, je grösser die Menge der versicherten Werthe ist. Diese Erfahrung macht die Form der Gegenseitigkeits-Versicherung entbehrlich. Wenn durch die Statistik ermittelt ist, dass während einer langen Reihe von Versicherungsperioden ein Beitrag der Vereinsmitglieder von zwei Promille des versicherten Interesses genügend war, um die entstandenen Schäden zu decken, die Geschäftskosten zu bestreiten und einen Reservefond zu bilden, so kann derselbe Erfolg einfacher dadurch erreicht werden, dass ein Unternehmer als Asse-

---

[1] Dass solche Verabredungen unter wenigen Personen und als vereinzelte gelegentliche Geschäfte vorkommen, ist freilich nicht ausgeschlossen, aber thatsächlich ohne Belang. Indessen lassen sich Spuren davon in älterer Zeit gerade für die Seeassecuranz nachweisen; so z. B. in den Riga'er Statuten von 1667, Tit. 7, Art. 14. u. 15. (*Pardessus*, Lois maritimes, III, pag. 527): Alle reciprocae Assecurationes, als wenn einer sein guth, so auf einem Schiffe ist, gegen des andern guth, so im andern Schiffe ist, versichern lässt und *rescontre* genannt werden, sind zulässig. Und wenn des einen so rescontriret, Gut bleibet oder von gemeinen Seeräubern genommen wird, so haftet der ander dafür mit seinem Gute etc. Der Name rescontre beweist, dass das Geschäft französischen oder italienischen Ursprungs ist.

curadeur auftritt und Versicherungen gegen eine feste Prämie von 2 Promille abschliesst. Der Assecuradeur ist gleichsam der Vermittler, der die Prämie von allen Theilnehmern einzieht und die Ersatzsummen an die von den Unfällen Betroffenen auszahlt; in Wahrheit werden auch hier die Schadensbeträge auf alle Versicherten mittelst der Prämien repartirt. Allein der Assecuradeur haftet selbstständig dafür, dass die Schadensbeträge vergütet werden, gleichviel ob die Summe der eingezogenen Prämien dafür ausreicht oder nicht; dadurch wird das juristische Verhältniss der Versicherten zu einander völlig umgestaltet und wesentlich vereinfacht und es wird viel besser und vollständiger das Resultat erzielt, dass jeder Einzelne den Anspruch auf Vergütung des eventuellen Schadens für eine fixirte Leistung erwirbt. Erst durch die Abstreifung der Societätsform und der in ihr erhaltenen Verpflichtung zu unbegrenzten Beitragsleistungen wird das „securum facere“ wirklich erreicht und dem Einzelnen die Möglichkeit gegeben, das Risico wie einen festen Ausgabeposten mit einer bestimmten Summe in Ansatz zu bringen.

Wirthschaftlich aber und für die Art des Geschäftsbetriebes bleibt auch bei der Prämien-Versicherung das Associations-Element wirksam. Als vereinzeltes Geschäft würde die Uebernahme einer Versicherung gegen Prämie einen völlig andern Charakter haben als die wirklich im wirthschaftlichen Leben existirende Assecuranz. Der Assecuradeur würde in einem solchen Falle ein sinnloses Wagniss übernehmen, für geringfügigen Gewinn ein grosses Kapital auf das Spiel setzen, sein Geschäft gliche einer waghalsigen Wette, so dass auch Derjenige, welcher die Versicherung sucht, Bedenken tragen müsste, mit einem solchen Contrahenten den Vertrag abzuschliessen. Die Betheiligung sehr zahlreicher Versicherter und die planmässige Normirung des Verhältnisses zwischen den von ihnen zu zahlenden Prämien und den nach Maassgabe der thatsächlichen Umstände zu erwartenden Schadensbeträgen ist die unerlässliche Voraussetzung für die solide und glückliche Leitung des Unternehmens, weil die Constanz des Procentsatzes nur bei grossen Zahlen sich bewährt.

Dieser Ersatz der Societätsform durch Verwerthung der durch die Statistik gewonnenen constanten Zahlen bildet die charakteristische Eigenthümlichkeit der Prämien-Versicherung und beherrscht den ganzen technischen Betrieb des Assecuranz-Gewerbes. Es werden dadurch Aufgaben gestellt, die bei andern Gewerben in dieser Art nicht bestehen; die Nothwendigkeit der Heranziehung möglichst zahlreicher Theilnehmer, der Verkehr mit ihnen durch Agenten, die Controle der letztern, das Verfahren behufs Feststellung der Umstände, welche auf die Beurtheilung des zu übernehmenden Risicos in jedem einzelnen Falle von Einfluss sind, die Ausfertigung von Policen, welche die Bedingungen des einzelnen Geschäftes enthalten, die Fristen zur Anmeldung des erlittenen Schadens und die Vereinbarungen über die Ermittelung desselben, die Bildung von Reserven zur Deckung der eventuellen Zahlungsverpflichtungen etc. geben dem Versicherungswesen sein eigenartiges Gepräge, seine besondere technische Ausbildung.

Dies führt nun zu demjenigen Punkte, an welchem die Lebensversicherung mit der Assecuranz Uebereinstimmung zeigt.

Alle Schriftsteller, welche tiefer in das Wesen der Lebensversicherung eingedrungen sind, stimmen darin überein, dass Lebensversicherungs-Anstalten wirthschaftlich als Sparkassen zu betrachten sind, welche dazu dienen, die Spareinlagen der Einzelnen gemeinsam zu verwalten und nutzbar zu machen. Diese Charakterisirung passt auf alle Arten der Lebensversicherung, gleichviel von welchem Ereigniss die Fälligkeit der Versicherungssumme abhängig gemacht ist und gleichviel ob die Einlagen in periodischen

Einzahlungen (Prämien) oder in der Hergabe eines Kapitals als Grundstock des Sparfonds (sogen. Mise) und in der Ueberlassung der Zinsen und Zinseszinsen dieses Kapitals zur Vergrösserung desselben bestehen. Zu welchem Resultat aber das Aufsparen der angegebenen Beträge führt, hängt der Natur der Sache nach davon ab, wie lange dasselbe fortgesetzt werden kann, bei dem gewöhnlichen und praktisch maassgebenden Falle, dass das ersparte Gesammtkapital bei dem Tode des Sparenden ausgezahlt werden soll, also von dem Zeitpunkt, in welchem dieser Tod eintritt. Ein frühzeitiger Tod kann daher die Erreichung des Zieles, ein Kapital von gewisser Grösse, das zur Versorgung der Hinterbliebenen oder zu einem andern wirthschaftlichen Zwecke bestimmt ist, anzusammeln, vereiteln; während ein langes Leben die Aufsammlung eines grössern Kapitals, als beabsichtigt worden ist, zur Folge haben würde. Um diese aus der Ungewissheit der Lebensdauer des Einzelnen sich ergebenden Missstände zu beseitigen, können nun die von dem gemeinsamen Bedürfniss der Ansammlung eines gewissen Kapitals zusammengeführten Personen eine Gesellschaft zum Sparen auf gemeinschaftliche Rechnung in der Art bilden, dass für die Vertheilung der ersparten Gesammtsumme an Stelle der individuellen Lebensdauer des Einzelnen die durchschnittliche Lebensdauer sämmtlicher Mitglieder gesetzt, d. h. jedem Einzelnen resp. seinen Hinterbliebenen ein so grosses Kapital ausgezahlt wird, als er erspart haben würde, wenn er mit Erreichung dieser durchschnittlichen Lebensdauer gestorben wäre. So wie bei der Feuerversicherung auf Gegenseitigkeit an Stelle der thatsächlichen Ungleichheit, dass das Haus des Einen verbrannt und dasjenige von 999 Andern von Feuerschaden verschont geblieben ist, die gleichmässige Anwendung des Durchschnittsatzes tritt, dass jeder von einem Tausendstel des durch die Feuersbrunst angerichteten Schadens betroffen wird, so können auch die thatsächlichen Ungleichheiten in der Lebensdauer der einzelnen Menschen ersetzt werden durch Anwendung der durchschnittlichen Lebensdauer sämmtlicher Mitglieder auf Alle.[1] Aber diese Form der Societät ist zur Erreichung des in Rede stehenden Zweckes nur wenig geeignet. Sie würde voraussetzen, dass alle Mitglieder derselben gleich alt sind und durch ihren Beruf und Gesundheitszustand Aussicht auf eine gleiche Lebensdauer haben; sie würde nur als Gesellschaft mit geschlossener Mitgliederzahl denkbar sein; namentlich ist aber die Vertheilung der Gesammt-Ersparnisse nach der effectiven durchschnittlichen Lebensdauer sämmtlicher Mitglieder ganz unthunlich, da man ja diesen Durchschnitt erst nach dem Tode des Längstlebenden festzustellen vermag. Es bedarf daher keiner nähern Ausführung, warum Lebensversicherungs-Gesellschaften auf Gegenseitigkeit in der einfachen Gestalt, in welcher Assecuranzgesellschaften auf Gegenseitigkeit bestehen, in der Praxis nicht vorkommen; der Zweck, ein festbestimmtes und beim Tode einer gewissen Person fälliges Kapital als Resultat festbestimmter Spareinlagen zu erreichen, wird durch sie nicht realisirt.[2] Die durch unendlich viele Einzelerfahrungen ermittelte Absterbe-Ordnung und die Constanz derselben für einen sehr grossen Kreis von Personen ermöglicht aber den Ersatz der Societätsform durch die Form der Prämien-Erhebung. Es ist nicht nothwendig, die durchschnittliche Lebensdauer der Mitglieder effectiv festzustellen, da man durch die Sterblichkeitstabellen weiss, in welchem Procentsatz das Absterben der Menschen nach Lebensjahren erfolgt, vorausgesetzt nur, dass die Anzahl der bei der Lebensversicherungs-Anstalt betheiligten Personen so gross ist, dass eine gegenseitige Ausgleichung der that-

---

[1] Vgl. auch *Reuling*, a. a. O., S. 62 fg.

[2] *Reuling*, a. a. O., S. 347 fg. Die in Wirklichkeit bestehenden sogenannten Lebensversicherungs-Anstalten auf Gegenseitigkeit sind weit verschieden von der oben vorausgesetzten Gesellschaftsform.

sächlichen Abweichungen von dem statistisch ermittelten Normalsatz zu erwarten ist. Mit diesem Hülfsmittel kann man für jedes beliebige Lebensalter feststellen, welche Einzahlung (Mise oder Jahresprämie) zur Erreichung eines bestimmten Kapitals erforderlich ist, oder umgekehrt welches Kapital für eine bestimmte (einmalige oder periodisch wiederkehrende) Einzahlung zugesichert werden kann, und es ist deshalb möglich, Personen des verschiedensten Alters und Berufs und ohne beschränkte Zahl in die Gemeinschaft aufzunehmen und den Erben jedes Mitgliedes das ihm zugesicherte Kapital sogleich nach Eintritt des Todesfalles auszuzahlen. Die Solidität des Unternehmens beruht hier wie bei der Assecuranz auf der Association der Theilnehmer und die Sicherheit des Geschäfts steigt mit der Zahl derselben; wer in einem vereinzelten Falle nach den bei grossen Anstalten üblichen Sätzen eine Lebensversicherung übernehmen würde, der triebe ein gewagtes Spiel.[1]

Nur in dieser Gestalt, in welcher die wirkliche Societätsabrechnung durch feste Prämien- (oder Mise-)Erhebung ersetzt ist, kann die oben erwähnte Absicht der Spargenossenschaften in praktischer, den thatsächlichen Bedürfnissen entsprechender Weise erreicht werden; diese Gestalt beruht aber auf demselben Princip wie die Umwandlung der Societäten zum Zweck der Schadensrepartition in Prämien-Versicherungs-Anstalten. Man kann daher sagen, dass die Entwickelung des Lebensversicherungsgeschäftes auf der Uebertragung der Technik des Assecuranzgeschäfts auf die Spar- und Versorgungsgeschäfte beruht.

Indess muss doch etwas eingehender untersucht werden, ob in der That blos die Technik des Betriebes herübergenommen ist und ob nicht etwa durch die selbstständige Haftung des Versicherungsgebers für ein festbestimmtes

[1] Vgl. *Malss*, Zeitschr. f. Versicherungsr. Bd. II, S. 134.

Kapital gegen festbestimmte Prämien ein Moment hinzugekommen ist, welches sich als Anwendung des Assecuranzbegriffes erweist. Nach einer verbreiteten Ansicht, die von *Malss*[1], *Reuling*[2], und *Predöhl*[3] im Wesentlichen übereinstimmend vertreten und sehr scharfsinnig vertheidigt wird, soll das eigenthümliche Wesen der Lebensversicherung gerade darin bestehen, dass in ihr gleichsam zwei Verträge combinirt sind, ein Spar-Vertrag über Ansammlung und Verwaltung der Spareinlagen und ein Versicherungsvertrag über Erreichung des vorausbestimmten Sparresultates. Die Gefahr, dass durch den Tod die Erreichung dieses Resultates vereitelt werde, übernehme der Versicherer; dafür empfange er eine Prämie, die zwar äusserlich von der Spareinlage nicht geschieden sei, aber einen von ihr abzusondernden Bestandtheil der Einzahlungen bilde; trete die Gefahr ein, so sei zwar nicht die ganze ausbedungene Versicherungssumme als der Betrag anzusehen, den die Versicherungs-Anstalt auf Grund der von ihr übernommenen Assecuranz zu leisten habe, wohl aber derjenige Betrag, welcher erforderlich ist, um den durch die Spareinlagen angesammelten Betrag (Prämienreserve) auf die volle Höhe des zugesicherten Kapitals zu ergänzen. Bei der Prüfung dieser Ansicht muss man zweierlei Gesichtspunkte wohl auseinander halten. Alle Berechnungen, welche den Geschäften der Versicherungsanstalten zu Grunde liegen, beruhen auf der Annahme einer bestimmten Absterbe-Ordnung und einer bestimmten Zinsbarmachung der eingezahlten Einlagen.[4] Abgesehen von dem für die Verwaltungskosten etc. erhobenen Zuschlage müssen die Gesammt-Ausgaben, welche die Versicherungsanstalt zu leisten

---

[1] Zeitschrift f. Versicherungsr., a. a. O., S. 229, u. Zeitschr. f. das ges. Handelsr., Bd. XIII, S. 500.

[2] A. a. O., S. 335 fg.

[3] Zeitschr. f. das ges. Handelsr., Bd. XXII, S. 464 fg.

[4] *Reuling*, a. a. O., S. 336 fg.

hat, mit ihren Gesammt-Einnahmen, welche sie an Prämien und Zinsen erhebt, genau übereinstimmen, falls die beiden der Berechnung zu Grunde gelegten Annahmen sich als richtig erweisen. Nun ist es aber nicht möglich, die Vertheilung der Todesfälle auf die verschiedenen Lebensjahre mit Sicherheit genau vorauszubestimmen; die zu Grunde gelegte Sterblichkeitstafel wird immer nur approximativ mit dem wirklichen Eintreten der Todesfälle übereinstimmen; und ebenso kann man den zu erzielenden Zinsgewinn nur nach Wahrscheinlichkeit veranschlagen. In allen Fällen, in denen die zur Grundlage genommene Absterbe-Ordnung mit dem wirklichen Absterben der Versicherten oder der bei der Berechnung in Ansatz gebrachte Zinsfuss mit der wirklichen Verzinsung der Einlagen nicht übereinstimmt, ergiebt sich eine Differenz zwischen der Gesammt-Einnahme der Versicherungs-Anstalt und ihren Gesammt-Ausgaben und mithin die Gefahr, dass diese Differenz zu Ungunsten der Versicherungs-Anstalt ausschlägt und von ihr getragen werden muss.[1] Ist nun aber diese Gefahr ein Risico im Sinne des Assecuranzrechts, so dass ein Theil der eingezahlten Einlagen als Prämie für die Uebernahme dieser Gefahr angesehen werden könnte? Dies ist unbedenklich zu verneinen. Die hier in Rede stehende Gefahr ist keine andere als sie mit jeder Speculation nothwendig verbunden ist; wie sie jeder Kaufmann trägt, der auf gewisse Preise einer Waare rechnet, und jeder Erwerber eines Landgutes oder Wohnhauses, der gewisse Erträge der Ernte oder eine gewisse Höhe der Wohnungsmiethen in Ansatz bringt. Das Risico im Sinne des Assecuranzrechts setzt wesentlich voraus, dass der Eintritt eines ungewissen Ereignisses einen Schaden anrichtet; das Risico im Sinne der Speculation ist ein alternatives, das ungewisse Ereigniss kann sowohl Verlust als Gewinn

---

[1] *Reuling*, a. a. O., S. 339.

bringen, die Preise können steigen oder fallen, die Ergebnisse einer wirthschaftlichen Thätigkeit können ungünstiger oder günstiger sein, als veranschlagt worden ist.

In diesem Sinne ist auch das Lebensversicherungs-Geschäft ein speculatives; der Eintritt einer verheerenden Seuche, eines Krieges, einer Hungersnoth und ebenso das Sinken des Zinsfusses kann die dem Geschäftsbetrieb zu Grunde gelegten Erwartungen zunichte machen; günstige Zeitverhältnisse können einen kaum gehofften Gewinn herbeiführen. Dieses das speculative Moment bildende Risico ist auch bei dem Betriebe der Schadensversicherung als eines gewerblichen Unternehmens vorhanden, aber es ist weit verschieden, von demjenigen Risico, dessen Uebernahme den Inhalt der Assecuranzverträge bildet. Für dieses speculative Risico giebt es keine „Prämie", sondern der Gefahr des Verlustes steht die Aussicht auf Gewinn als Aequivalent gegenüber.

Unter diesem Gesichtspunkte kann daher in dem Lebensversicherungs-Geschäft ein dem Begriff des Risico der Assecuranz entsprechender Bestandtheil nicht gefunden werden.

Ebenso wenig aber in Beziehung auf das einzelne Lebensversicherungs-Geschäft. Denn das Verhältniss zwischen der Versicherungssumme und den von den Versicherten einzuzahlenden Prämien oder Misen ist ja überhaupt mit Rücksicht auf das successive Absterben der Versicherten normirt, so dass der wirkliche Eintritt dieser dem Geschäft zur wesentlichen Voraussetzung dienenden Thatsache nicht als schadenbringender Unfall aufgefasst werden kann, der auch hätte ausbleiben können, wie die Unfälle bei der echten Assecuranz. Das successive Fälligwerden der Versicherungssummen gehört zu dem Plane des ganzen Geschäftes. Welche Individuen früher oder später sterben, ist dabei ganz unerheblich; nur dass in jedem Jahre der vorausberechnete Procentsatz aller Versicherten stirbt, kommt in Betracht. Man kann daher nicht unterstellen, dass die

Lebensversicherungsbank jedem einzelnen Versicherten gegenüber zwei verschiedene Verpflichtungen übernommen habe: die Ansammlung und Verzinsung der Einlagen und die Assecuranz, dass die Erreichung eines vorausbestimmten Resultates dieser Sparthätigkeit nicht durch den Eintritt des Todes werde verhindert werden; sondern die Sicherheit, dass dieses Resultat erreicht werden wird, ist bereits durch die Art und Weise des Sparens selbst, durch die Association zahlreicher Personen zu lebenslänglichen Einlagen gegeben. Die Summe sämmtlicher von den Versicherten zu zahlenden Prämien nach ihrem discontirten, d. h. für den gegenwärtigen Zeitpunkt berechneten Werth ist gleich der Gesammtsumme aller an sie auszuzahlenden Beträge nach deren auf denselben Zeitpunkt reducirten (discontirten) Werth; es bedarf daher keiner besondern Assecuranz dafür, dass aus dem Gesammtprämienfonds sämmtliche Versicherungskapitalien genügende Deckung finden werden.[1]

Für die Technik des Geschäftsbetriebes aber ist es allerdings möglich und zur Gewinnung einer Uebersicht über den Stand des Unternehmens nothwendig, den einzelnen Todesfall und die in Folge desselben fällig werdende Summe rechnungsmässig wie ein Risico im Sinne der Assecuranz zu behandeln. Denn der Rechnungsabschluss muss in gewissen kurzen, z. B. einjährigen Perioden erfolgen; mit Rücksicht auf jede dieser Perioden aber ist eine Ungewissheit vorhanden, ob der einzelne Todesfall, also das die Zahlungspflicht zur Fälligkeit bringende Ereigniss eintritt oder nicht. Während nach dem rechtlichen Inhalt des Geschäfts, wie oben ausgeführt wurde, sowohl die Periodicität des Risico als die Ungewissheit, dass der Tod eintreten wird, fehlt, ist beides vorhanden mit Rück-

---

[1] Auch *Goldschmidt*, Zeitschr., Bd. XXIII, S. 181, erklärt sich mit Entschiedenheit gegen die Zerlegung des Lebensversicherungs-Vertrages in zwei Verträge; ebenso *v. Lichtenfels*, Fragen des Binnen-Versicherungsrechts, S. 22 fg.

sicht auf die Buchführung und den Rechnungsabschluss des einzelnen Jahres. Diese Art der Buchführung und der periodischen Bilanzirung ist aber schon deshalb nothwendig, weil während des ganzen Betriebes des Unternehmens fortwährend neue Geschäftsabschlüsse und neue laufende Verbindlichkeiten hinzukommen, eine definitive Final-Abrechnung über die effectiven Ergebnisse sämmtlicher Geschäfte daher in keinem Moment — abgesehen von der definitiven Liquidation des ganzen Unternehmens — möglich ist, sondern immer nur der Stand eines gegebenen Zeitpunktes festgestellt werden kann.

Es ist demnach festzuhalten, dass trotz aller Verschiedenheit des rechtlichen Inhaltes beider Geschäfte, d. h. der aus demselben hervorgehenden gegenseitigen Verpflichtungen, dennoch der kaufmännische oder technische Betrieb der Lebensversicherung eine grosse Uebereinstimmung mit dem Betrieb der Assecuranzgeschäfte zeigt. Für die sinnliche Anschauung, für die laienmässige Auffassung der betheiligten Personen besteht eine, die innere Verschiedenheit fast vollkommen verdeckende Aehnlichkeit. Die nach den Sterblichkeitstafeln und der Höhe des Kapitals berechneten Einlagen scheinen den nach der Unfallsstatistik und der Höhe des versicherten Interesses berechneten Assecuranzprämien völlig zu entsprechen und werden mit demselben Namen bezeichnet; sowie bei der Assecuranz der Schadensersatzanspruch durch den Eintritt des Unfalls, so wird bei der Lebensversicherung der Anspruch auf das Kapital durch den Eintritt des Todes fällig und es scheinen daher beide dieselbe rechtliche Bedeutung zu haben. Der äussere Betrieb des Geschäftes durch Agenten und General-Agenten, die gleichartige Ermittelung der Umstände, welche bei der Assecuranz auf die Grösse des Risico, bei der Lebensversicherung auf die Annahme der wahrscheinlichen Lebensdauer des Versicherten von Einfluss sind, die übereinstimmende Art der Ausfertigung von Policen, der Erhebung der Prämien, die bei beiden Geschäften bestehende Anzeigepflicht von dem erfolgten Unfall resp. Tode, sowie die Präclusivfrist zur Geltendmachung der Ansprüche, die gleiche Art der Buchführung und die übereinstimmende rechnungsmässige Behandlung der Unfälle bei der Assecuranz und der Todesfälle bei der Lebensversicherung etc. — Alles dies lässt den Betrieb der Lebensversicherungs-Geschäfte als eine Branche des Assecuranzgewerbes erscheinen. Diese grosse Uebereinstimmung des technischen und kaufmännischen Betriebes hatte auch die Folge, dass sehr häufig derselbe Unternehmer, dieselbe Anstalt, ihr Gewerbe auf beide Arten von Geschäften erstreckte, und auch dieser Umstand musste wieder die Ansicht verstärken, dass beide Geschäftszweige gleichartig seien. Diese Vorstellung aber bedurfte eines sprachlichen Ausdrucks; man empfand das Bedürfniss, einen gemeinsamen Namen für beide Geschäftszweige zu haben und sie einem höhern gemeinsamen Begriff unterzuordnen.

Hierbei kam die juristische Natur des Geschäftes im Vergleich mit der äussern Handhabung seines Betriebes zu kurz; die Ausdrucksweise der zunächst an diesem Betriebe betheiligten Personen liess sich — wie immer — durch die sinnliche Wahrnehmung, nicht durch logisch-juristische Abstraction bestimmen. Ein Name, welcher das Moment des Sparens, der Kapitalansammlung, der Zinsbarmachung der Einlagen hervorgehoben hätte, würde nicht denjenigen Punkt bezeichnet haben, der gerade dieser Art des Sparens charakteristisch ist und seine geschäftliche Behandlung beherrscht; ein Name dagegen, welcher die äussere Form des Geschäftsbetriebes kennzeichnet, ist um so eher zur Individualisirung des Geschäftes geeignet, als dabei der wesentliche Inhalt des letztern als selbstverständlich leicht subintelligirt wird. Dazu kommt die Neigung des Publikums, neue und verwickelte, schwierig zu definirende Rechtsverhältnisse sich durch Analogien anschaulich zu machen und soweit als möglich herkömmliche Begriffe und Bezeichnungen, mit denen man vertraut ist, auf sie anzuwenden. Die blosse äussere Aehnlichkeit der periodisch wiederkehrenden Einzahlungen mit den Assecuranzprämien genügte, um die Uebertragung des Namens „Prämien“ auf sie zu rechtfertigen, und die Bezeichnung „Prämie“ rief wieder unwillkürlich den Gedanken an das Assecuranzgeschäft hervor.[1]

So ergiebt sich denn, dass der Name dieses Rechtsgeschäftes nicht hergenommen ist von den juristischen Kriterien seines Begriffes d. h. von dem Inhalt der dadurch begründeten gegenseitigen Rechte und Pflichten der Contrahenten, sondern von der äussern Gestaltung seines gewerblichen Betriebes, und dass zwischen Assecuranz und Lebensversicherung zwar eine Aehnlichkeit besteht, wenn man beide als Handelsgewerbe betrachtet, dass aber jede Uebereinstimmung zwischen beiden schwindet, wenn man sie als einzelne Rechtsgeschäfte ins Auge fasst.

Der Name eines Geschäftes ist aber für die rechtliche Behandlung desselben nicht gleichgültig; denn er ruft einen bestimmten Kreis von Vorstellungen hervor. Dadurch, dass man ein Geschäft „Versicherung“ nennt, wird gleichsam unbewusst dieses Geschäft mit dem Inbegriff von Regeln, die den Inhalt des Versicherungsrechts bilden, in Verbindung gesetzt, und so ist auch der Name „Lebensversicherung“ auf das damit bezeichnete Geschäft nicht einflusslos geblieben. Man war einerseits bestrebt, das Geschäft so einzurichten, dass es möglichst unter die von der Assecuranz geltenden Regeln sich bringen lässt, und man hat sich andererseits bemüht, für die Assecuranz eine solche Theorie aufzustellen, dass sie auch auf die Lebensversicherung anwendbar erscheine; man hat sich insbesondere damit abgequält, eine Definition des Versicherungs-

---

[1] Vgl. auch *Adler*, a. a. O. S. 31.

geschäftes zu finden, welche sowohl auf den juristischen Thatbestand der echten Schadensversicherung als auch auf denjenigen der Lebensversicherung passt.[1] Freilich musste unter diesem Beginnen ebenso sehr die sachgemässe Ausbildung der Lebensversicherung wie die richtige Analyse und Construction des Assecuranzrechts leiden.

III.

Was von der Lebensversicherung ausgeführt worden ist, findet auch volle Anwendung auf die Rentenversicherung. Unter den zahlreichen Formen und Anwendungsfällen dieses Geschäftes nehmen wir den einfachsten und regelmässigsten Fall, den Leibrenten-Vertrag zum Paradigma. Dass der Leibrenten-Vertrag und die Lebensversicherung ganz nahe verwandt sind und einer gemeinsamen Kategorie subsumirt werden müssen, kann nicht zweifelhaft sein. Denn der Leibrenten-Vertrag ist das vollkommene Gegenstück zur Lebensversicherung; bei ihm wird ein Kapital gegeben und dafür eine lebenslängliche Rente erworben, während bei der Lebensversicherung lebenslänglich eine Rente (Prämie) gezahlt und dafür ein Kapital erworben wird; er stellt eine Art und Weise dar, ein Kapital zu verbrauchen, während die Lebensversicherung eine Methode ist, ein Kapital zu sammeln; er dient zur Versorgung bis zum Tode, die Lebensversicherung zur Versorgung (der Hinterbliebenen) nach dem Tode des Versicherten. Beide Geschäfte sind daher völlig congruent; eines ist gleichsam das Spiegelbild des andern. Den Leibrenten-Vertrag aber als eine Species der Assecuranz aufzufassen, ist ganz unmöglich; denn hier ist der Tod nicht Voraussetzung für die Zahlung einer Summe, so dass man

---

[1] So namentlich, freilich in sehr verschiedenen Richtungen, *Staudinger*, a. a. O., S. 51 und *Endemann*, Zeitschr. f. das ges. Handelsr., Bd. IX, S. 551 fg., und Handelsrecht, § 174, 176.

ihn dem Eintritt des casus bei der Assecuranz vergleichen könnte, sondern mit dem Tode des Rentengläubigers hört gerade die Zahlungspflicht auf; man müsste daher das „am Leben Bleiben" des Rentenberechtigten für einen Unfall halten, für den ihn der Rentenzahler zu entschädigen habe! Nur eine von den realen Verhältnissen gänzlich absehende Scholastik ist im Stande, ein solches Spiel mit Worten zu treiben.[1] Diese Unmöglichkeit, den Leibrenten-Vertrag dem Assecuranzbegriff unterzuordnen, in Verbindung mit der Nothwendigkeit, Leibrenten-Vertrag und Lebensversicherung zu Einer Vertrags-Kategorie zusammenzufassen, ist ein neuer Beweisgrund dafür, dass auch die Lebensversicherung keine Unterart der echten Assecuranz sein kann.

In demjenigen Sinne aber, in welchem zwischen dem Betriebe des Lebensversicherungsgeschäftes und demjenigen des Assecuranzgeschäftes eine Aehnlichkeit besteht, nimmt auch der Betrieb des Rentengeschäftes daran Theil und insoweit kann man von einer Rentenversicherung als vollkommenem Analogon zur Lebensversicherung sprechen. Zum Verständniss ist es auch hier erforderlich, den Leibrenten-Vertrag als Austausch-Geschäft und als Associations-Geschäft zu unterscheiden. Das Alter der Leibrente als tausch- oder kaufähnlichen Geschäfts ist ein sehr hohes; es ist bekannt, wie vielfache Anwendung der Rentenkauf nicht blos in der Form der dauernden Reallast, sondern auch als lebenslängliche Rente in der Gestalt eines gewöhnlichen Forderungsrechts bereits im Mittelalter gefunden hat.[2] Niemals ist es wol Jemandem in den Sinn

---

[1] Die Literatur bietet dafür freilich nicht wenige Beispiele; selbst *Gierke*, Genossenschaftsrecht, I, S. 1061, charakterisirt den Leibrenten-Vertrag als „eine Garantie gegen zu langes Leben"!

[2] *Stobbe*, Beiträge zur Geschichte des D. R., S. 25 fg. D. Privatr., § 196 (Bd. III, S. 346 fg.).

gekommen, den mittelalterlichen Rentenkauf oder Leibrenten-Vertrag mit der Assecuranz zusammenzustellen.[1]

Alle diese Verträge wurden aber als einzelne und isolirte geschlossen; jeder Rentengläubiger kam nur für seine Person allein in Betracht. Im Gegensatz hierzu tritt in dem modernen Leibrenten-Geschäft der Gedanke der Association hervor; das Geschäft mit jedem Theilnehmer wird nicht isolirt, sondern im Zusammenhang mit den Geschäften aller Uebrigen betrachtet. Wirthschaftlich wird nicht von dem Einen das Kapital hergegeben und von dem Andern die Rente, sondern Alle vereinigen ihr Kapital zu einem gemeinsamen Fond und einer gemeinsamen Verwaltung und empfangen aus diesem Gemeinschaftsvermögen die Rente. Dieser gemeinsame Fond wird in der Art gebildet, dass jeder soviel einzahlt, als zur Deckung einer Rente für die ihm nach der Wahrscheinlichkeit noch beschiedene Lebensdauer erforderlich ist. Die factische Ungleichheit der Lebenszeit des Einzelnen wird ersetzt durch die gleichmässige Anwendung der Durchschnittszeit auf Alle. Juristisch aber ist die Form der Societät überwunden vermittelst der Verwerthung der constanten grossen Zahlen wie bei der Versicherung auf Prämie. Die Leibrentenbank setzt einen einfacheren Mechanismus an die Stelle desjenigen der Gesellschaftsform, indem sie das Resultat der wirklichen Gesellschaft anticipirt. Sie rechnet Jedem aus, wie viel er zu dem Fond einer Leibrenten-Gesellschaft beitragen müsste, und sie überhebt je-

---

1 Dagegen war man sich des aleatorischen Charakters dieser Geschäfte wohl bewusst und wendete deshalb das Wucherverbot nicht auf sie an. Ein heidelberger Codex des Schwabenspiegels (Cod. Palat. 170., Homeyer's Deutsche Rechtsbücher des M. A., No. 321) enthält den Satz: kaufft ein mensch leibgeding un lebt so lang das es mer einnimpt dann es darumb ausgeben hat, das ist nit unrecht durch des zweifels willn seins lebens. Doch ob er widergeit, was er uber das hawbgut enpfangen hat, das ist gotlich und ze loben und sicher. Aber der mensch ist sein nit schuldig und mag es mit recht ane als unrecht pehalden. Vgl. auch *Purgoldt's* Rechtsbuch, III, 95.

den Einzelnen der Mühe, diese Gesellschaft wirklich zusammenzubringen, sie zu organisiren, die Controle der Geschäftsführung und die Abrechnung vorzunehmen, indem sie selbst die Ansammlung der Fonds, die Verwaltung derselben und die Auszahlung der Renten übernimmt. Sie hat dieselbe Function des Vermittlers oder Unternehmers wie der Assecuradeur bei der Repartirung und Ausgleichung des Schadens. Deshalb ist ihr Geschäftsbetrieb nach der Technik des Versicherungswesens eingerichtet und mit Rücksicht hierauf kann man denselben Rentenversicherung nennen.

IV.

Als Ergebniss der vorhergehenden Erörterungen ist festzuhalten, dass Lebensversicherung und Rentenversicherung ihrem juristischen Wesen nach keine Unterarten der Assecuranz im technischen Sinne sind — oder wenn man den Ausdruck vorzieht, dass sie nicht mit der Schadensversicherung zusammen eine gemeinschaftliche Vertragskategorie bilden. Ebenso wenig kann man sie juristisch den Societäten zuzählen, abgesehen von den Lebensversicherungen auf Gegenseitigkeit; denn, wie gezeigt wurde, ist gerade die Rechtsform der Societät bei ihnen durch eine andere Form ersetzt. Dieses negative Resultat ist aber nicht befriedigend; man verlangt nach einer positiven Charakterisirung. Mit Rücksicht auf den Zweck und Erfolg der in Rede stehenden Geschäfte kann man dieselben als Versorgungsgeschäfte bezeichnen und den Versicherungsverträgen an die Seite stellen; allein abgesehen davon, dass die Bezeichnung nur in Beziehung auf den Einen Contrahenten, den Versicherten, berechtigt ist, giebt sie auch keinerlei Aufschluss über den Inhalt der gegenseitigen Verpflichtungen, worauf es doch wesentlich ankommt. Der wirthschaftliche Untergrund, auf welchem beide Arten von Geschäften ruhen, ist die Productivität des Kapitals. Die Lebensversicherung besteht nicht darin, dass die Einzahlungen einfach angenommen und aufgespeichert und nach Maassgabe des Absterbens der Versicherten vertheilt, sondern dass sie nutzbar gemacht und durch die erzielten Gewinne vergrössert werden; und die Leibrente ist keine blosse Zerlegung des eingezahlten Kapitals in Jahresraten, sondern der Rentner giebt das Kapital dem Andern zur wirthschaftlichen Ausbeutung und empfängt in den Renten Kapital und Zinsen zurück. Die Leibrenten- und Lebensversicherungs-Anstalten werden mit Recht als Versicherungsbanken bezeichnet; denn es sind in Wahrheit Banquier-Geschäfte, aus denen ihr Gewerbebetrieb sich zusammensetzt. Es ist bereits oben hervorgehoben worden, dass die eingezahlten Prämien bei der Lebensversicherung nicht consumirt werden, wie bei der Assecuranz, sondern dass sie creditirt werden; und sie werden creditirt, um sie nutzbar zu machen. Sehr treffend bemerkt Hinrichs[1], dass die Lebensversicherung (und ebenso die Rentenversicherung) vorzugsweise ein Bedürfniss derjenigen Klassen ist, welche ihre Ersparnisse nicht selbst productiv anlegen können. Die Leistung des Versicherten besteht demnach in der Hingabe eines Kapitals, die Leistung des Versicherers in der Rückgabe desselben Kapitals nebst

[1] A. a. O., S. 343, Note 5. Eine ausdrückliche vertragsmässige Verpflichtung zur Verwaltung der Einschüsse übernimmt die Versicherungs-Anstalt allerdings nicht, was *Stobbe*, a. a. O., S. 363, ganz richtig hervorhebt. Mittelbar ergibt sich diese Verpflichtung aber daraus, dass die Versicherungsbank ein grösseres Kapital als das ihr eingezahlte, nämlich das durch den Zinsenlauf angewachsene Kapital auszahlen muss. Eine Lebensversicherungsanstalt oder eine Leibrentenbank, bei welcher auf diese Kapitalsnutzung Seitens der Versicherten verzichtet würde, existirt nicht. Je zuverlässiger durch die wachsende Menge statistischer Erhebungen die Sterblichkeitstafeln werden, je genauer man daher das Verhältniss zwischen den Leistungen der Versicherten und denen der Versicherungs-Anstalten ermitteln kann, desto mehr beruht andererseits auch die Möglichkeit eines Unternehmergewinnes der Bank darauf, dass die von ihr verwalteten Kapitalien sich zu einem höhern Zinsfuss rentiren, als in der Grundrechnung und in den Prämientabellen veranschlagt wurde. Vgl. *Hinrichs*, S. 352.

Zinsen an die Versicherten — mit der Modification, dass an den Einzelnen nicht sein Kapital nebst Zinsen, sondern sein Durchschnitts-Antheil an dem Gesammtkapital und Zinsen restituirt wird. Wenn man die Gesammtheit der Versicherten dem Versicherer gegenüberstellt, so kann man in der That sagen, dass die Versicherten dem Versicherer ein Kapital geben und dasselbe mit Zinsen von ihm zurückempfangen. Von diesem Gesichtspunkt aus ist daher die Lebensversicherung und die Rentenversicherung als verzinsliche Kapital-Leihe zu charaktersiren. Dabei darf man freilich nicht an das gewöhnliche mutuum des römischen Civilrechts denken; es handelt sich nicht wie bei diesem um die Hingabe von Fungibilien, mit der Verpflichtung dasselbe Quantum derselben Art zu restituiren, womit als „Nebenvertrag" eine Verzinsung ausbedungen sein kann, nicht um einem Vertrag, der mit dem Commodat verschwistert und nur durch die Vertretbarkeit der geliehenen Gegenstände (Geldstücke) von ihm unterschieden wäre; sondern es handelt sich um eines der Creditgeschäfte, wie sie das moderne Handelsrecht ausgebildet hat. Die Verwaltung eines Kapitals ist in dem gegenwärtigen Cultur- und Wirthschaftszustande eine besondere Kunst geworden, die eine gewerbemässige Ausübung zulässt; das Aufsuchen billiger Bezugsquellen, um disponible Kapitalien anzuschaffen, und die gewinnbringende Verwendung und Veranlagung der angeschafften Kapitalien bieten eine vollständige Parallele zum Waarenhandel. Der „Umlauf des Kapitals" hat sich seine besonderen Rechtsformen geschaffen, die man als die „Banquiergeschäfte" zusammenfassen kann und welche auch die Lebensversicherung und die Rentenversicherung mit begreifen. Sowie aber das Grundgeschäft des Waarenhandels der Kauf ist, so ist der Grundtypus aller dieser Geschäfte das verzinsliche Darlehen. Man muss daher wohl Thöl beistimmen, wenn er in der 5. Auflage seines Handelsrechts, §§ 310 fg., die Lebens- und Rentenversicherung als eigenthümliche Arten der zinsbaren Darlehnsverträge bezeichnet; die äusserliche Verschiedenheit zwischen den in Rede stehenden Geschäften und der gewöhnlichen Form des Darlehns ist allerdings eine so grosse, dass der Ausspruch Thöl's im ersten Augenblick befremdlich erscheint, und er hat auch sogleich sowohl bei Goldschmidt als bei Stobbe Widerspruch gefunden; bei näherer Prüfung zeigt sich aber in dieser Charakteristik der Lebens- und Rentenversicherung der in das juristische Wesen der Rechtsgeschäfte eindringende und dasselbe klar erfassende Scharfblick des Meisters.

ZUR

GESCHICHTE DES HANDELSRECHTS

UND

DER HANDELSPOLITIK

IM ANFANG DER RÖMISCHEN KAISERZEIT

VON

F. P. BREMER.

Eine den Anforderungen der heutigen Wissenschaft genügende Geschichte des römischen Handelsrechts, die noch immer ein frommer Wunsch ist, lässt sich nur schreiben im Zusammenhang mit der Geschichte des römischen Landwirthschaftsrechts, die freilich bisher ebenso wenig eine entsprechende Darstellung gefunden hat. Dass die beiden Zweige menschlicher Thätigkeit, welche wir Ackerbau und Handel nennen, in Italien schon zur Zeit der Republik ihre Rollen vertauscht haben, ist bekannt: bezeichnen doch die punischen Kriege den Beginn einer neuen Zeit, in der die frühere Einfalt der Sitten den immer zahlreicher auftretenden, vom Auslande importirten Bedürfnissen weichen sollte, eine Aenderung der Anschauungen und wirthschaftlichen Verhältnisse, welche allmählich auch das bisherige Rechtssystem umgestalten oder doch seinen Fortbestand in Frage stellen musste. Aber es gab doch noch immer Männer, die, wie der grosse Rechtsgelehrte und Pontifex maximus Q. Mucius Scaevola, für die heiligen Einrichtungen des Staats ihr Leben einsetzten.

Dass Augustus den energischen Versuch machte, den alten Sitten nach Möglichkeit wieder die Herrschaft zurück zu erobern, ist gleichfalls bekannt genug. Aber zu wenig wird beachtet, dass dieses Streben nicht erfolglos war, sondern ein halbes Jahrhundert wieder Zucht und Ordnung schaffte. Allerdings gingen die gewonnenen Früchte bald wieder verloren, aber doch erst, als die weise und feste Hand der ersten Kaiser fehlte und den Andrang der durch und durch corrumpirten, dem Reich als leidige Erbschaft zugefallenen orientalischen Völker nicht mehr kräftig zurückhielt. Kam doch sogleich darauf die Zeit, wo die Kaiser selbst die mühsam errichteten Dämme selbstmörderisch niederrissen und die Fluten der trüben ausländischen Gewässer über die italischen Gefilde leiteten. Schon in der zweiten Hälfte der Regierung des Tiberius, unter dem Vicekaiser Sejan, dann vollends unter Caligula konnten die bisher demüthigen, ja dankbar ergebenen Orientalen, die unter Augustus und Tiberius zuerst ein menschenwürdiges Dasein kennen gelernt hatten, dem Kaiserthum theils feindlich entgegentreten, theils sich als unentbehrliche Freunde in den Vordergrund drängen.

I.

Alfred Pernice hat es unternommen, des Marcus Antistius Labeo Fragmente als Ausgangspunkt zu nehmen für einen Versuch, den Charakter des römischen Privatrechts unter dem Julisch-Claudischen und dem Flavischen Hause zur Anschauung zu bringen.[1] Als so verdienstlich ein solches Unternehmen anerkannt werden muss, ja so sehr es, richtig angefasst, die klaffendste Lücke in unserer rechtsgeschichtlichen Kenntniss ausfüllen würde, so wenig hat doch leider der Verfasser den Standpunkt eingenommen, von dem allein die hier ineinander wirkenden Kräfte ihre Würdigung finden können: nicht nur lässt die sonst so lehrreiche Einleitung des umfassend angelegten Werkes das Verhältniss Italiens zu den Provinzen, also auch das Verhältniss der nebeneinander fortgeltenden nationalen Rechtssysteme gänzlich unerörtert, sie zeigt auch nicht die wirthschaftliche Grundlage, auf der das italische Recht wieder aufgebaut ward, und ebenso wenig hebt sie den

[1] Bd. I, 1873, Bd. II, 1878.

Wechsel der Wirthschaftspolitik hervor, der bald nach Tiberius Tod erfolgte, ein Wechsel, dem doch eine auch das italische Recht völlig umgestaltende Bedeutung zukam.

Der historische Process, der sich einerseits als Romanisirung der griechischen, keltischen und selbst der orientalischen Nationen und Rechtsanschauungen, und andererseits als Gräcisirung, Semitisirung und Keltisirung der italischen Nation und ihres Rechts darstellt, wird wohl noch eine Zeit lang auf eine befriedigende Darstellung warten. Aber ohne weiteres erscheint doch ein durchgreifender Gegensatz in dem Gewirre der Nationen des Kaiserreichs: der Gegensatz der dem Handel und der dem Ackerbau ergebenen Völker. Nun aber war das *Ius sacrum* der Römer der Ausdruck durchaus bäuerlicher Anschauungen, die nothwendig bald mit den abweichenden, ja vielfach entgegengesetzten der Handelsvölker in Conflict gerathen mussten, ein Kampf, in dem die Anschauung der Italiker und damit das beste Stück ihres nationalen Rechts zu Grunde gerichtet werden sollte.

Bei diesem Kampfe waren die Germanen, wohl ohne es zu ahnen, die Bundesgenossen der Römer. In religiösen, sittlichen und Rechtsbegriffen fanden die Römer bei den Germanen ihre eigene, längst vergessene Jugendzeit wieder. Aber es blieb nicht bei einer blossen Sehnsucht nach diesen Anfängen des Lebens, wie sie wieder einmal einen Tacitus erfasste, sondern Augustus unternahm es, die neue Generation seines eigenen Volkes dadurch zu der Einfachheit der alten Zeit zurückzuleiten, dass er in dem reichgesegneten Italien, der *terra numine deum electa* mit aller Entschiedenheit den Ackerbau hob und förderte.

Als den Herold dieses kaiserlichen Programms aber müssen wir seinen Freund Horaz betrachten, der einem Theile seiner Landsleute zurufen konnte: *o cives, cives, quaerenda pecunia primum est, virtus post nummos,* dem bessern

Theil des Volks aber das Glück eines von den Vätern ererbten Besitzthums in die Erinnerung rief.

Die nämliche Aufgabe wie Horaz stellte sich der viel zu einseitig beurtheilte Valerius Maximus, der überall die gute nationale, von der frechen ausländischen zurückgedrängte Sitte pries, und nicht minder der gleichfalls über Gebühr geschmähte Capito, der Justizminister des Augustus, und dessen Schüler Sabinus.

Es war vor Allem der erste Stand des Reichs, der der römischen Senatoren, dem Augustus die Pflege des italischen Ackerbaues als nationale Pflicht ans Herz legte, und in der That haben die bessern Elemente dieses Standes bis in die späteste Zeit das Bewusstsein ihrer hohen Pflichten treu bewahrt und demnach nicht nur z. B. die Führung von Rechtssachen ihrer Mitbürger als Ehrenamt festgehalten [1], sondern es auch als standeswidrig erachtet, von ihren Mitbürgern Zinsen für Darlehen zu nehmen.

So war es denn auch Capito, der Verfasser des Programms zur augusteischen Säcularfeier, der in seinem Werk *De officio senatorio* an die halbvergessenen Pflichten erinnerte. Er führte dabei wol den Satz aus, den wir bei Cicero *de legibus*, III c. 41, lesen: *est senatori necessarium nosse rempublicam, idque latepatet, quid habeat militum, quid quos valeat aerario, quos socios res publica habeat, quos amicos, stipendiarios, qua quisque sit lege condicione foedere, tenere consuetudinem decernendi, nosse exempla maiorum.* Und solche Beispiele *gravitatis antiquae plena* stellte Capito überall auf.

Erst der zweite Stand, der der Ritter, durfte Grosshandel und Bankiersgeschäfte treiben, ganz im Anschluss an die guten griechischen Ueberlieferungen. Aber auch ihm ward die Pflicht der Ehrfurcht vor dem Staat und der Obrigkeit eingeschärft und darum führte Sabinus ein

---

[1] *Bethmann-Hollweg*, Der röm. Civilprocess, Bd. III, S. 167.

Decret der Censoren an, wonach ein Ritter wegen einer unziemlichen, ihnen ertheilen Antwort unter die Aerarier versetzt ward. Gell. 4, 20, 11.

Die meiste Sorge machte der dritte Stand. Zwar gab es noch eine *pars populi integra*, aber grösser war die *plebs sordida ac circo ac theatris sueta.* Tacitus h. 1, 4. Der letztere Theil war allen ausländischen Einflüssen hingegeben, wie sie namentlich durch die stetig wachsende Schar von Sklaven vertreten waren. Augustus aber erachtete es für eine besonders wichtige Aufgabe, *sincerum atque ab omni colluvione peregrini ac servilis sanguinis incorruptum servare populum.* Suet. Tib. 40. Der *ingenuus et Italicus sanguis,* wie Valerius Maximus sagt, war gut und unverdorben, und es handelte sich nur darum, ihn von der Vermischung mit den *libertini* rein zu erhalten. In diesem Sinne betonte Sabinus mit aller Bestimmtheit: *id neque permitti neque permittendum esse unquam, ut homines libertini ordinis per adoptiones in iura ingenuorum invadant.* Gell. 5, 19, 11.

Und wie Augustus die Civität so hoch hielt, dass er dieselbe zwar einem Segimer als *pretium virtuti* (Tac. ann. 3, 40) verlieh, dagegen sie einem Kelten selbst auf die Fürbitte der Livia versagte[1], und wie Tiberius im officiellen Verkehr ausschliesslich die lateinische Sprache gebrauchte, und zwar womöglich ohne fremde Beimischung, so dass er, als sich bei einer Senatsvershandlung ein Fremdwort nicht vermeiden liess, um Entschuldigung bat, *quod sibi verbo peregrino utendum esset* (Suet. Tib. 71), so schrieb Sabinus ein Werk *De indigenis,* aus dem, charakteristisch genug, nur die Definition des Wortes *religiosum* erhalten ist. Gell. 4, 9. 8. War doch *religio* im Sinne der Alten das Band, das den Bürger an seinen Staat bindet. Und in voller Uebereinstimmung betonte Valerius Maximus das bessere Einhei-

---

1 Suet. Tib. c. 40.

mische im Gegensatz des schlechtern Fremdländischen, insbesondere die *sacra* und *auspicia patria* gegenüber den *peregrina* und *alienigena*, die *domestica disciplina* gegenüber den *alienigena studia*, die *Romana frugalitas itemque fortitudo* gegenüber der ausländischen *luxuria*.

Ac minime mirum est, hebt er (2, 5, 1) hervor, *quod homines labore ac patientia gaudentes tenacissimos patriae nervos externarum deliciarum contagione solvi et hebetari noluerunt.* Nicht umsonst wies derselbe Valerius Maximus einerseits (8, 13, 1) auf den alten Valerius Corvinus hin, *non solum speciosissimis publicis ministeriis, sed etiam exactissima agrorum suorum culturae et civis et patris familiae optabile exemplum*, und andererseits (4, 8, 3) auf die *qui nunc praecipue negotiatione delectantur, cum pecuniam domum cruendam rettulerunt.*

Nur das griechische Element ward als ein der Beihülfe fähiges und würdiges Glied des Reichs behandelt, aber keineswegs als gleichberechtigt anerkannt.

Die bedeutendste Stadt Griechenlands war die Hauptstadt der Insel Rhodus, nicht nur als Mittelpunkt eines grossartigen Seehandels, sondern auch als hervorragende Pflegstätte der Wissenschaften, unter denen die Disciplin des Seerechts nicht gefehlt haben kann.

Dieses Recht galt denn auch als würdig, in Italien aushülfsweise zur Anwendung gebracht zu werden. Wenn Augustus in diesem Sinne ein Gutachten abgab (Dig. 17, 2, 9), so gab dazu wohl ein concreter Rechtsfall die Veranlassung. Wenn es richtig ist, was die Vorrede zu dem Byzantinischen νόμος Ῥοδιών ναυτικὸς berichtet, dass Tiberius die Rhodischen Seegesetze bestätigt habe[1], so könnte sich das auf eine amtliche Revision dieser Gesetzgebung beziehen.

Die zahllose Schar der Sklaven, die sich in Italien und Rom ansammelte, gehörte nur zu einem Theil Italikern, zu

[1] *Böcking*, Instit.-Pand., Bd. I., S. 83.

einem andern, nicht geringen aber Provinzialen, die mit ihnen nach Italien gekommen waren, um sie hier auf den Markt zu bringen, oder als Bevollmächtigte und Justitoren sie zurückliessen.

Von solchen Sklaven redet Labeo theils ausdrücklich, (ein *homo provincialis* hat einen *servus* als *institor* in Rom angestellt, Dig. S. 1, 19, 3), theils meint er sie wohl in einer Anzahl von Fällen, in denen er überhaupt der Sklaven als Händler gedenkt. Dabei fällt es auf, dass diese Sklaven orientalische Sitten üben, z. B. *si odores et unguenta servus emerit et ad funus erogaverit, quod ad dominum suum pertinebat* (Dig. 15, 3, 7, 3). Tacitus ann. 14, 44. Wohl hatte Recht, hervorzuheben, dass sich bei einer grossen Zahl von Sklaven *diversa ritus, externa sacra* fanden. So wurden denn auch die Sklaven wohl deshalb von den Tabernarii *peregre* geschickt *ad merces companandas et sibi mittendas,* wie bei Labeo (Dig. 14, 2, 5, 7), weil sie die Ortskenntnisse in der Provinz haben.

Dagegen begegnen wir, was hervorgehoben zu werden verdient, in dieser Zeit noch keinen Sklavinnen beim Handelspersonal. Vielleicht war es in Rom polizeilich nicht gestattet. Erst Ulpian sagt (Dig. 14, 4, 5, 2): *sed et si ancilla negotiabitur admittendam tributoriam dicimus.*

Die Sklaven der Sklavenhändler (*venaliciae familiae*) wurden nach Umständen, namentlich in Zeiten, wo Theuerung herrschte, mit sammt den Peregrinen, wozu die Sklavenhändler (*mangones, venaliciiarii*) selbst meist gehörten, polizeilich ausgewiesen, was z. B. unter Augustus geschah. Suet. Aug. 42. Der Name eines dieser Sklavenhändler ist, weil er sprichwörtlich ward, uns überliefert, Tolanius Flaccus. *Condiciones quaesitas per amicos, qui matres familias et adultas aetates virgines denudarent atque perspicerent, tanquam Taranio mangone vendente.* Suet. Aug. 69.

Diesen *venaliciarii* ward der Name *mercatores* wohl nicht deshalb versagt, weil *mercis appellatione homines non continentur* (Dig. 50, 16, 207), sondern weil das *collegum mercatorum*, das in Rom bestand, solche Händler nicht aufnahm.

Mit der Sorge für den italischen Ackerbau war die Sorge für die vortheilhafteste Verwerthung der italischen Bodenproducte und des in Italien gezüchteten Viehs nothwendig verbunden. Hier aber halfen die religiösen Satzungen nothwendig mit.

Die Bodenproducte mussten bei den überall erforderlichen Opfern in der Regel italische sein. Das *far* z. B. ward nicht nur bei der *confarreatio*, die nur noch in den höchsten Kreisen zur Anwendung kam, und bei den Vestalinnen[1], sondern auch bei den Fornacalia[2] und wohl gleichfalls bei dem vom Landmann jährlich dem Jupiter darzubringenden Mahle (*daps*) erforderlich.[3]

Auch für den Wein steht fest, dass bei gewissen Opfern nur italische Producte gebraucht werden durften. Capito führte in seinen *Coniectanea* ein altes Senatsdecret vom Jahre 592 an, *in quo iubentur principes civitatis, qui ludis Megalensibus antiquo ritu mutitarent,... iurare apud consules verbis conceptis, non amplius in singulas cenas sumptus esse facturos, quam centenos vicenosque aeris praeter olus et far et vinum, neque vino alienigena sed·patriae usuros.* Gell. 2, 24, 2.

Auch die im Inland gezüchteten Thiere hatten sicher den Vorzug. Columella wenigstens betonte (6, 2 *med.*): *longe omnis bos indigena melior est quam peregrinus.*

Zu den Hauptproducten Italiens gehörte die Schafwolle, die wegen der Nationaltracht, der wollenen Toga, unentbehrlich war. Und Augustus duldete nicht einmal, dass die römischen Händler auf dem Forum und im Circus in

---

1 *Preller*, Römische Mythologie, S. 547.

2 *Preller*, S. 408.

3 *Gai.*, 4, 29.

einem andern Gewande als in der Toga sich zeigten (Suet. Aug. c.). Dagegen war z. B. Seide seit dem schon unter Tiberius nothwendig gewordenen Senatsschluss vom Jahre 16: *ne vestis serica viros foedaret* (Tac. ann. 2, 33) wenigstens für Männer ein verbotener Stoff.

Es ist also der in Erinnerung gebrachte Satz des alten Cato (de r. r. I praef.): *virum bonum cum laudabant, ita laudabant bonum agricolam bonumque colonum*, den Varro (de r. r. II praef.) so fasste: *viri magni nostri maiores non sine causa praeponebant rusticos Romanos urbanis.*

Auch den Juristen ist dieser Satz wohl bekannt. Noch für Proculus bildete er die Grundlage einer interessanten Entscheidung. *Ex provincia libertum Romam venire debere ad reddendas operas Proculus ait, sed qui dies interea cesserint, dum Romam venit, patrono perire, dummodo patronus tamquam vir bonus et diligens pater familias Romae moraretur vel in provinciam proficiscatur. ceterum si vagari per orbem terrarum velit, non esse iniungendam necessitatem liberto ubique eum sequi.* Dig. 38. 1. 19, 1. Trotz der nicht intact erhaltenen Gestalt der Erörterung ist der Sinn wohl zu erkennen: es ist der Reflex augusteischer, im Grunde uralter Bestimmungen, wonach auch noch jetzt *neque eius legenda filia* (als *virgo Vestalis*), *qui domicilium in Italia non haberet.* Gell. 1, 12, 8.

So finden wir bei genauerer Betrachtung auch die kaum beachtete Erscheinung, dass die Juristen der ersten Kaiserzeit überhaupt nur Italien im Auge haben, vor allem Rom, dann auch andere italische Municipien. Der Erste, der soviel ich sehe, eine Provinzialstadt berücksichtigt, ist jener Proculus[1], also ein Zeitgenosse des Claudius, der in Dig. 30, 1, 12 Gades in Baetica erwähnt, eine Handels- und Seestadt,

---

[1] Die Erwähnung von Ephesus in Dig. 13, 4, 2, 8 geht nicht auf Labeo, sondern auf Ulpian zurück.

die schon zu Strabo's Zeit (3, 5, 3) an Einwohnern nur von Rom übertroffen ward und seit Proculus öfters in den Rechtsquellen erscheint.

Wie langsam aber die Uebertragung des römisch-italischen Rechts auf die Provinzen erfolgte, zeigen folgende zwei Sätze bei Ulpian und Paulus:

In provinciali etiam praedio si quid fiat, operis novi nuntiatio locum habebit. Dig. 38, 1, 3 pr.

Haec actio (aquae pluviae arcendae) etiam in vectigalibus agris locum habet. Dig. 39, 3, 23, 2.

Die dem Ackerbau in der positiven Rechtsordnung wieder eingeräumte Stellung beleuchtet am besten aber eine Entscheidung Labeo's, der als eifriger Republikaner nicht nur dem Capito, sondern auch dem Kaiser selbst schroff gegenüberstand, dessen wirthschaftliche Anschauung also, wenn sie mit der officiellen übereinstimmt, deren unbestrittene Herrschaft in allen national gesinnten Kreisen darthut.

Labeo's Entscheidung betrifft das Verhältniss des Bergbaus zum Ackerbau. Nach dem Bericht des Javolenus, der unter Vespasian und Pius in Amt und Würden stand, und bezüglich der Streitfrage schon anderer Meinung war als Labeo, lag folgende Frage vor:

Vir in fundo dotali lapidicinas marmoreas aperuerat. divortio facto quaeritur, marmor quod caesum neque exportatum esset, cuius esset et impensam in lapidicinas factam mulier an vir praestare debere.

Labeo marmor viri esse ait, ceterum viro negat quidquam praestandum esse a muliere, quia nec necessaria ea impensa esset et fundus deterior esset factus. Dig. 23, 5, 18.

Offenbar war der *fundus dotalis* ein gewöhnliches *praedium rusticum.* Der Ehemann erst entdeckte auf dem Terrain ein Marmorlager und eröffnete dasselbe, so dass in Folge dessen der Ackerbau im Wesentlichen eingestellt werden musste. Die so neu eröffnete, doch zunächst wohl gewinnreichere Industrie war aber nach Labeo eine Deterioration des Grundstücks.

Im Zusammenhang mit Labeo's Entscheidung steht eine weitere, später auftauchende Controverse, nämlich ob der Usufructuar einen solchen Steinbruch eröffnen dürfe.

Ulpianus libro octavo ad Sabinum.

Fructuarius causam proprietatis deteriorem facere non debet, meliorem facere potest ... Inde est quaesitum, an lapidicinas an cretifodinas vel harenifodinas ipse instituere possit. Dig. 7, 1, 13, 4. 5.

Natürlich wird diese Frage von Ulpian bejaht (*et ego puto, etiam ipsum instituere posse*), aber offenbar ward sie nicht nur von Labeo, sondern auch noch von Sabinus verneint.

Labeo, von dem sein politischer Gegner Capito sagte, dass er *ratum pensumque nihil haberet, nisi quod iustum sanctumque esse in Romanis antiquitatibus legisset* (Gell. 13, 12, 1), stand wohl noch auf dem Standpunkt des alten Senatsschlusses, der den Bergbau in Italien untersagte. Plinius n. h. 3, 138 und 33, 78. Der Grund dieses Verbots ist aber sicher nicht, wie Otto Hirschfeld[1] annimmt, weil die Bergwerke nicht genügenden Ertrag gewährt hätten, sondern weil das Interesse des Ackerbaus höher gestellt ward.

Die cultura ist es, die von Staats wegen gehegt und gepflegt wird, und noch Ulpian sieht sich veranlasst, die Rücksicht auf die Agricultur als Schranke für industrielle Unternehmungen des Usufructuars festzuhalten (*si nihil agriculturae nocebit.* Dig. 7, 1, 13, 5).

So ist es denn auch — ganz im Gegensatz zu der spätern Zeit, aber in voller Uebereinstimmung mit Varro — die *familia rustica* und nicht die *urbana*, woran sich

---

[1] Röm. Verwaltungsgeschichte, Bd. 1 (1877), S. 72.

zunächst das Interesse anknüpft. Von dieser *familia rustica* allein redet z. B. Labeo in Dig. 7, 8, 10, 4.

si usus fundi sit relictus . . . quid in ea causa sit, videndum, et Labeo ait, habitare eum in fundo posse dominumque prohibiturum illo venire, sed colonum non prohibiturum nec familiam, scilicet eam, quae agri colendi causa illic sit.

An die *urbana familia* denkt Labeo überhaupt nicht; deshalb sieht sich Ulpian veranlasst hinzuzufügen: *ceterum si urbanam familiam illo mittat, qua ratione ipse prohibetur, et familiam prohibendam eiusdem rationis est.*

Auch Paulus stellt in der ausführlichen Besprechung der verschiedenen Arten von Sklaven in den S. R. 3, 6, 35-49 die *rustica familia* voran.

Die Veränderung der Sitten und Bedürfnisse hatte vielfach auch eine Aenderung der Rechtsanschauungen zur Folge. *Nec mirum est,* hebt Celsus zur Zeit der Flavier hervor (Dig. 33, 10, 7, 1), *moribus civitatis et usu rerum appellationem eius mutatam esse; nam fictili aut lignea aut vitrea aut aerea denique suppellectili utebantur, nunc ex ebore atque testudine et argento, iam ex auro etiam atque gemmis suppellectili utuntur.*

II.

Freizügigkeit mit Handels- und Gewerbefreiheit ist nach fest gewurzelter Anschauung die charakteristische Eigenschaft der Kaiserzeit. Das römische Reich gilt als das grösste Freihandelsgebiets, das je existirt habe [1], und entsprechend soll das Niederlassungsrecht Jedem unverwehrt gewesen [2]

---

[1] *Friedländer*, Sittengeschichte Roms, Bd. II.[3], S. 50, mit Berufung auf Rodbertus.

[2] *O. Hirschfeld*, Göttinger Gel. Anz. 1870, S. 1107.

und es Jedem freigestanden haben, jedes nicht verbotene Gewerbe zu betreiben.

So richtig die Sätze für eine spätere Zeit sein mögen, für die Zeit des Augustus und Tiberius sind sie irrig: sie widersprechen der gesammten bekannten Politik dieser Kaiser und ihrer Organisation des Staats. Die Stelle des Marcellus, worauf Hirschfeld wegen der Freizügigkeit verweist (Dig. 50, 1, 31: *nihil est impedimento, quo minus quis ubi velit habeat domicilium, quod ei interdictum non est)*, kann natürlich für die frühere Zeit nichts beweisen. Marcellus sass im Staatsrath des Antoninus Pius und des Mark Aurel, Regenten, welche allerdings den Traum der politischen Einheit der Menschheit träumten.

Unter ihnen konnte Aristides aus Smyrna den Kaisern zurufen: „Können nicht alle unbesorgt gehen, wohin sie immer wollen? Sind nicht alle Häfen überall voll von Geschäftigkeit? ... Jetzt können Hellenen und Barbaren ausserhalb ihres Landes überall hin wandern und ihr Eigenthum mit sich führen, als wenn sie aus einer Heimath in die andere gingen ... Das Homerische: die Erd' ist allen gemeinsam, habt Ihr zur Wirklichkeit gemacht ... Jetzt ist es nicht mehr erforderlich, die Sitten und Gesetze der einzelnen Völkerschaften aufzuzählen; Ihr seid die Führer für Alle in der Welt geworden ... Ihr habt Allen gemeinsame Gesetze gegeben .... und durch die Vermählung der Völker untereinander die Welt gleichsam zu einer Familie gemacht."[1]

Aber zu derselben Zeit schrieb der weniger phantastische Gaius seine Institutionen, in denen er fort und fort auf die *iura* der einzelnen *civitates* verwies und den Satz an die Spitze stellte: *omnes populi qui legibus et moribus reguntur, partim suo proprio, partim communi omnium hominum iure utuntur: nam quod quisque populus ipse*

[1] Nach *Friedländer*, a. a. O., Bd. II, S. 4 fg.

sibi ius constituit, id ipsius proprium est vocaturque ius civile quasi ius proprium civitatis.

Allerdings neigte sich der Schwerpunkt mehr und mehr nach der Seite des *ius commune;* aber als jene nationalen Rechte gänzlich beseitigt schienen, da war mit der Uniformirung des Reichs auch der Despotismus des Orients eingezogen.

Wahrlich, der Heide Celsus[1] hatte Recht, als er gegen solche auch von Christen vorgetragenen Phantasien ausrief: „Wäre es nur möglich, dass alle Hellenen und Barbaren in Asien, Europa und Afrika bis zu den Grenzen der Erde einmüthig an ein Gesetz glaubten! Aber wer das für möglich hält, ist ohne allen Verstand."

Jene Idee war denn auch weder die Idee des grossen Augustus noch des Tiberius.

Augustus' Absicht war es nicht, die Arten zu mischen, sondern jede für sich zu hegen und zu höherer Cultur heranzuziehen. Hielt er einerseits von Italien die *colluvies peregrinorum* energisch ab, so nöthigte er andererseits den Provinzalen keineswegs das italische Recht auf[2], vielmehr liess er die Provinzialrechte, wie die Culte und Sprachen, in ihrem Kreise in voller Geltung und schritt nur gegen barbarische Excesse ein.

Dass unter den Zeugnissen für das Rechtsstudium der Provinzialen in Rom nicht eins erweislich aus den beiden ersten Jahrhunderten stammt, ist kein Zufall, — eine Auffassung, die Friedländer[3] allein für „natürlich" hält, — sondern eine einfache Bestätigung des Satzes, dass das

---

[1] Orig. c. Cels., VIII, 69 sq., nach *Friedländer*, a. a. O., Bd. III, S. 537.

[2] Vgl. *Hirschfeld*, Lyon in der Römerzeit. Wien 1878, S. 6. „Nicht die Römer haben Spanien und Gallien romanisirt, sondern die Iberer und Gallier haben sich selbst zu Römern gemacht, oder wie es mit passendem Ausdruck in Frankreich genannt wird, die alten Gallier sind zu Gallo-Romains geworden."

[3] A. a. O., Bd. I², S. 18 Anm.

Studium des römisch-italischen Rechts für die Provinzialen früher nur ein geringes Interesse hatte.

Die Freizügigkeit war aber, so lange die Provinzen ihr nationales Recht behaupteten, auch praktisch kaum ausführbar, da der Zuziehende nur durch Erwerb einer Civität das hier geltende Recht erwarb. Der blosse *incola* stand zwar nicht, wie der *nullius certae civitatis civis* (Ulp. fragm. 20, 15), jeder Unbill schutzlos Preis gegeben da, aber auch nicht viel besser, falls er nicht den Schutz eines Gastfreundes genoss, und auch dann musste er sich den Sitten und dem Recht seines Aufenthaltsorts anbequemen. So lebte ja auch der Apostel Paulus, dessen Reisen doch erst unter Claudius begannen, mit den Juden wie ein Jude und wie ein Heide mit den Heiden, und doch hatte er überall mit den Localbehörden die heftigsten Conflicte.

Seit der Entdeckung der *lex metalli Vipascensis* in Portugal ist die Existenz der Gewerbefreiheit fraglich geworden. Finden wir hier doch, dass das Ausrufsgeschäft, desgleichen das *sutrinum* und *tonstrinum* miethsweise übernommen wird. „Hatten denn die Römer", so fragt Bruns[1], „keine Gewerbefreiheit?" Sind denn nicht dem römischen Recht Beschränkungen der Gewerbefreiheit durch Concessionen, Bannrechte und Monopolien ganz fremd?

Meines Erachtens stände an sich ein Ausweg offen, um dem römischen Recht die Gewerbefreiheit zu retten, wenn sie überhaupt in dieser Zeit bestanden hätte, nämlich die Annahme, dass hier gar nicht römisches Recht, sondern etwa phönizisches, seit alter Zeit eingebürgertes und von den Römern beibehaltenes Gewerberecht vorläge. Aber auch für Italien, dem eigentlichen Sitz des römischen Rechts, dürfen wir das unter Augustus neu eingerichtete Zunftwesen nicht vergessen, dem nicht nur die Handwerker und Techniker, sondern auch die *mercatores*

---

[1] Zeitschrift für Rechtsgeschichte, Bd. XIII (1877), S. 377.

eingeordnet waren. Nicht minder bildeten die subalternen Gerichtsgehülfen Corporationen. Beachten wir nun, dass alle diese Vereine eine Beziehung zum Cultus hatten und Vorschriften des *ius sacrum* für sie maassgebend sein mussten, so bleibt für Gewerbefreiheit im modernen Sinne kein Raum übrig.[1]

Wohl ward dem Römer des zweiten Standes — die Senatoren durften ohne kaiserliche Erlaubniss keine Provinz bereisen — mit Widerstreben gestattet, in fernen Ländern dem Handel nachzugehen[2], aber die Ueberschwemmung Roms mit fremden Händlern und Waaren ward nicht gestattet. Jedenfalls wurden die fremden Waaren hoch besteuert (Tac. ann. 13, 50) und die italischen Quästoren hielten mit Hülfe des *praetor peregrinus* scharfe Fremdenpolizei.

III.

Pernice[3] stellt Kauf und Miethe in Gegensatz zu den *contractus famosi*; jene ständen nicht unter der Herrschaft der *fides*, im Gegentheil sei den Contrahenten nach der Seite des *dolus* hin eine Concession gemacht. Diese sei geboten durch das Bedürfniss freien Verkehrs, aber nicht erst durch den gesteigerten Verkehr aufgekommen, sondern habe von Alters her bestanden. „Kauf und Miethe sind von jeher die Typen des Handels und des kaufmännischen Geschäftsbetriebs.“

---

1 Uebrigens fanden, was Bruns übersehen hat, schon zur Zeit des Tiberius im Senat Verhandlungen über Monopole Statt. Suet. Tib. 70.

2 Eile, ruft Horaz dem Kaufmann zu, dass dir in den Häfen keiner zuvorkommt, damit du nicht die Cibyratischen und Bithynischen Geschäfte verlierst. Epist. 1, 6, 32. Gemeint ist der Handel mit Eisenfabrikaten und Räucherwaaren. *Friedländer*, a. a. O., Bd. II, S. 58. Ob aber der Satz des Horaz, dass der Kaufmann rüstig zu den äussersten Indern reise (Epist. 1, 1, 45), auf römische Kaufleute zu beziehen sei, wie *Friedländer* S. 60 annimmt, scheint mir doch sehr fraglich.

3 *Labeo*, I, S. 454 fg.

Fragen wir nach den Beweisen für diese Anschauung — und es soll ja eine römische Lehre erwiesen werden — so sind es vor allem jene bekannten beiden Stellen von dem *naturaliter licere contrahentibus se circumvenire* oder dem *naturaliter concessum, invicem se circumscribere.* Dig. 4, 4, 16, 4; 19, 2, 22, 3.

Aber Betrachtungen aus der Zeit des Paulus oder auch des Pomponius, also aus dem dritten oder dem zweiten Jahrhundert, können für das erste und namentlich für den Beginn des ersten nichts beweisen. Das *naturaliter* weist auf den Einfluss der erst seit Hadrian in den Vordergrund tretenden *naturalis ratio*, von der die *civilis* meist sehr verschieden war. Und hier haben wir ein höchst interessantes Beispiel für den Satz, dass der Fortschritt von der *civilis* zur *naturalis ratio* ein Rückschritt war in ethischer Beziehung. Allerdings ward eine Concession gemacht nach der Seite des *dolus*, aber nur wegen des hier maassgebend gewordenen Einflusses der griechisch-orientalischen Handelsvölker, denen Betrug etwas Natürliches war.

Freilich kannte Rom solche Händler schon lange. Ovid schildert die religiösen Gebräuche, mit denen diese Griechen oder Orientalen sich mit ihrem Gewissen auseinandersetzten. An den Iden des Mai, an denen die Kaufleute dem Mercur und seiner Mutter Maia opferten, schöpften sie aus einer ihm geweihten Quelle in der Nähe der *porta Capena* Wasser, tauchten einen Lorberzweig hinein, besprengten damit Haupt und Waaren und beteten zum Mercur, dass er die Schuld jedes begangenen Betrugs abwaschen und den Kram trotz alledem auch für die Zukunft mit Gewinn segnen möge.[1]

Für die Römer aber galt noch der alte Satz, den Modestinus wenigstens noch für die Ehe betont: *non solum quid liceat considerandum esse, sed et quod honestum*

---

[1] *Preller*, Röm. Mythologie, 2. Aufl., S. 598.

sit (Dig. 23, 2, 42 pr.)[1], auch für Kauf und Miethe. Nichts anders sagte der berühmte Rechtsgelehrte Q. Mucius Scaevola, wenn er lehrt: *fidei bonae nomen manare latissime idque versari in tutelis, societatibus, fiduciis, mandatis, rebus emptis venditis, conductis locatis* (Cicero de offic. 3, 70). Und wenn er hinzufügt: *in his magni esse iudicis statuere quid quemque cuique praestare oportere*, so heisst das unmöglich, wie Pernice uns einreden möchte, dass es nicht sowohl auf das ankomme, was die Parteien erklärt, als darauf, was sie beabsichtigt hätten, — diesen Gedanken hätte Scaevola so gut wie Javolenus mit dem Gegensatz der *verborum figura* und der *mens* (Dig. 50, 16, 116) zum Ausdruck gebracht, — sondern vielmehr, dass es nicht sowohl darauf ankomme, was thatsächlich vereinbart, als was sachlich angemessen, also namentlich auch als *honestum* erscheine. Scaevola lehrt also geradezu, dass der Käufer nicht nothwendig den Preis zahlen müsse, den er zugesagt; hier einzugreifen, sei Sache eines *magnus iudex*, eines grossdenkenden Richters.

Aber Pernice führt noch eine angebliche Stelle des Sabinus an, wonach das *lucrum ex emptione venditione* ein selbstverständliches Moment sei. Aber zunächst ist die citirte Stelle Dig. 17, 2, 7 nicht von Sabinus, sondern von Ulpian, allerdings aus seinem Commentar ad Sabinum, und dann handelt die Stelle von der *societas*, und sagt nur, dass sie, wenn '*simpliciter*' eingegangen, d. h., *si non fuerit distinctum*, allen Gewinn umfasse *(coita esse universorum quae ex quaestu veniunt)*. Sei also auf Grund einer *emptio venditio* ein *lucrum* gemacht, so gehöre es dahin (si *quod lucrum ex emptione venditione . . , descendit*). Was diese Stelle für den Pernice'schen Satz beweisen soll, ist also nicht abzusehen.

---

[1] Vgl. damit das französische Sprüchwort: en mariage il trompe qui peut.

Pernice verschärft aber seine abweichende Auffassung durch die Behauptung, die ältere Zeit sei geneigt gewesen, der speculativen Unredlichkeit noch weiter entgegen zu kommen; das beweise der bekannte Hauskauf des C. Canius.

Bei jenem Kauf eines Landguts (*horti*), der in Syracus abgeschlossen ward und zwar zwischen einem römischen Ritter, der sich hier *negotiandi causa* angesiedelt hatte, und einem griechischen Bankier (*Pythius quidam, qui argentariam faceret Syracusis*), hatte der Grieche den Römer durch falsche Vorspiegelungen zum Angebot eines unmässigen Preises verleitet. Nun sagt Cicero (de offic. 3, 60): *Stomachari Canius* (der Käufer), *sed quid faceret? Nondum enim Aquillius collega et familiaris meus protulerat de dolo malo formulas.*

Allerdings war nach der auf Sicilien damals herrschenden griechischen Praxis für den Kläger keine Hülfe, aber in Rom und Italien vertrat doch der Pontifex maximus andere Grundsätze, Grundsätze, welche allerdings der „Zeit“, d. h. dem Pöbel nicht gefielen, der denn ja auch bekanntlich den berühmten Juristen schliesslich vor dem Bilde der Vesta, der ehrwürdigen Repräsentantin des römischen Staats, niedermachte.

Wir haben also hier eine Reihe von Zeugnissen, welche uns den Kampf der geläuterten Rechtsanschauung mit der charakterlosen Praxis des gewöhnlichen Lebens zeigen, einen Kampf, aus dem die letztere als Siegerin hervorgehen sollte. Das ist es, was uns jene Sätze des Pomponius und Paulus lehren. Der Abstand aber, der zwischen der Lehre eines Scaevola und der eines Pomponius besteht, ist genau derselbe, wie zwischen einem *ingenuus* oder *bonus vir*, oder wie wir leider mit einem fremden Ausdruck sagen, zwischen einem Gentleman und zwischen einem Manne, der ohne Scham und Gram nur seinen Vortheil im Auge hat. Es waren die höhern sittlichen Anschauungen der *ingenui* den weit laxeren der *libertini* gewichen, also den Anschauungen von Leuten, die wesentlich den Handelsstand bildeten. In der Mitte lag die Umbildung des römischen Wesens selbst mit seinem Respect vor dem *honor* und *pudor* in das verkommene griechische Wesen, dem List und Betrug nothwendig zum Wesen des Handels gehörte.[1]

Der Tod des Tiberius sollte der Welt zeigen, welchen Einfluss eine feste, nach nationalen Gesichtspunkten geführte Staatsleitung zu bedeuten habe. Unter Caligula, dem Gespielen und Freund der Orientalen, traten sofort die orientalischen Anschauungen am Hofe in Geltung. Nicht nur liess sich der vom Allmachtsschwindel erfasste Kaiser als den leibhaftigen höchsten Gott verehren, consequent unternahm er auch einen Vernichtungskrieg gegen das edle griechische und italische Wesen. Alles was diesen Völkern heilig war, ward verhöhnt, alles was ihnen entsetzlich war, durch des Kaisers Uebung geheiligt. Es konnte sich nur fragen, ob die Juden oder die Aegypter die Herrschaft übernehmen sollten. In der That ward die Isis in den römischen Kalender aufgenommen[2], die Patronin der Schiffer und Buhlerinnen, die also jetzt Italien überschwemmen durften. Der Kaiser war denn auch der Erste, der gegen jenen Senatsschluss seidene Gewänder trug (Suet. Calig. 52), und so den Import von Seide beförderte.

Unter Claudius traten, so sehr dieser komische Regent auch in anderer Hinsicht wieder auf das Vorbild des Augustus zurückging, doch die Consequenzen jenes Umschwungs ein. Waren es nicht mehr Orientalen, so waren es doch Etrusker und Kelten, also mit dem Orient in leb-

---

[1] *Preller*, a. a. O., S. 598.

[2] *Marquardt*, Röm. Staatsverwaltung, Bd. III (1878), S. 561.

hafter Handelsbeziehung stehende Völker, die zur Abwechselung in den Vordergrund traten und sofort dem Seehandel eine officielle, ja privilegirte Stellung verschafften. Dass der italische Getreidebau, den Augustus so eifrig gepflegt, damit sofort zu Grunde gerichtet werden musste, ward nicht gesehen. Hielt unter Caligula die Isis, so jetzt unter Claudius die phrygische Mater Magna ihren Einzug in den römischen Cultus, offenbar im Zusammenhang mit der Einrichtung einer neuen Zunft von Schiffsbauern; denn das sind die *dendrophori*, die jetzt in Rom und Portus, wie in Lyon erscheinen und als Symbol die Cypresse führen.

Unter dem Schutz derselben grossen Mutter erschienen aber auch zahlreiche phrygische Kaufleute im Occident. Unter Nero kamen dann die Syrer in Gunst und brachten ihre Venus und ihren Adonis mit allen Consequenzen ihrer Culte zur Geltung, Götter, die Nero selbst infam behandelte.[1]

Nachdem dann Otho, *ex principibus Etruriae*, versucht hatte, *per omnia piaculorum genera manes Galbae propitiare* und Vitellius *omni divino humanoque iure neglecto Alliensi die pontificatum maximum cepit*, kam die Zeit des Plebejers Vespasian, dessen Vater als Zollpächter in Asien und als Wucherer bei den Helvetern reich geworden. Jetzt war es so weit gekommen, dass die kaiserliche Devise lautete: *lucri bonus odor ex re qualibet.* Juvenal 14, 176. Bekanntlich verschmähte Vespasian selbst nicht ein *urinae vectigal.*

Jetzt war auch die Zeit reif, um es als selbstverständlich zu proclamiren, dass Käufer und Verkäufer sich gegenseitig übervortheilen; sie war es schon seit Claudius.

Waren unter Augustus und Tiberius *nundinae* nur auf

---

[1] Suet. Nero 56. *Religionum usque quaque contemptor praeter unius Deae Syriae. Hanc mox ita sprevit, ut urina contaminaret...*

öffentlichen Plätzen gestattet, wo sie unter polizeilicher Aufsicht standen, so war es der Kaiser Claudius[1], der *ius nundinarum in privata praedia a consulibus petit.* Wurden unter Augustus und Tiberius die *popinae* streng beaufsichtigt und die Aedilen zu scharfer Controle angehalten, so verbannte der Kaiser Claudius[2] einen Senator, der *in aedilitate inquilinos praediorum suorum contra vetitum cocta vendentes multasset vilicumque intervenientem flagellasset* und nahm den Aedilen die *coercitio popinarum.*

Die neue Politik des Claudius oder vielmehr seiner Freigelassenen, Männer, deren ein Tacitus nur mit dem gerechtesten Unmuth gedachte, ward durch eine Reihe eingreifender Maassregeln gesichert. Zunächst ward, da der Hafen bei Ostia versandete und die Schiffe im Winter nicht einlaufen konnten, ein grossartiger neuer Hafen erbaut, Portus, eine Schöpfung, die in die Jahre 42-45 fällt. Dann hob Claudius die bisher noch bestehenden italischen Quästuren auf, namentlich die ostiensiche und gallische. Im Jahre 49 endlich ward das Pomoerium Roms erweitert und der bisher aus religiösen Gründen ferngehaltene Aventin in die *urbs* hineingezogen.[3]

Dieser Erweiterung des Pomoerium folgten bald weitere durch Nero, Vespasian, Titus und Trajan, welche die mit reissender Schnelle erfolgende Zunahme einer früher wohlweislich ferngehaltenen Bevölkerung darthun.

Mussten die Juden in der Zeit des Horaz im Trastevere wohnen, so sah die Welt zu Juvenal's Zeit das erbauliche Schauspiel, dass der Hain, aus dessen Quelle die Vestalinnen nach Vorschrift des Numa das zu den täglichen Reinigungen ihres Dienstes erforderliche Wasser

---

1 Suet. Claud., c. 12.

2 Suet. Claud., c. 38.

3 Vgl. Jordan, Topographie der Stadt Rom, Bd. I, 1. Abth., S. 316 fg.

schöpfen sollten, den Juden für ihre Krambuden verpachtet war.[1]

Der Umschwung der Wirthschaftspolitik trat am deutlichsten hervor in der neuen Stellung, welche Claudius dem Seehandel und den Kaufleuten gab. Sueton berichtet darüber c. 18. *et negotiatoribus certa lucra proposuit, suscepto in se damno, si cui quid per tempestates accidisset, et naves mercaturae causa fabricantibus magna commoda constituit pro conditione cuiusque: civi vacationem legis Papiae Poppaeae, Latino ius Quiritium, feminis ius quatuor liberorum,* alles Bestimmungen, die noch zu Hadrian's Zeiten in Geltung waren *(quae constituta hodieque servantur).*

Gaius hebt aus diesem offenbar sehr umfangreichen kaiserlichen Edict nur das auf die Stadt Rom und die Latini bezügliche Kapitel heraus, wenn er sagt: 7, 32° *(ed. Studemund): Latini ius Quiritium consècuntur, si navem marinam aedificaverint, quae non minus quam decem milia modiorum frumenti capiat eaque navis vel quae in eius locum substituta sit, sex annis frumentum Romam portaverit.*

So ward ein bisher verworfenes Princip anerkannt, ein Princip, das der Syrer Ulpian, also der Bürger eines seefahrenden Volks, so formulirte (Dig. 14, 1, 1, 20): *ad summam rem publicam navium exercitio pertinet.* Konnte zu Strabo's Zeit (8, 6) eine Hetäre in Korinth sich rühmen, dass sie drei Schiffe zu Grunde gerichtet habe, so dauerte es nicht mehr lange, dass auch in Rom die '*amicae*' sich ähnlicher Erfolge rühmen konnten, und der Vatermord eines Macedo war indicirt.

Der Pöbel, der in Rom eingezogen war, zeigte besonders solche Elemente, die dem Occidentalen der grösste Gräuel sind. Ohne Zweifel hatte Caligula, der auch die Prostitution für ein freies Gewerbe erklärt hatte, von

---

[1] *Preller*, a. a. O., S. 509, und *Hausrath*, Neutestamentl. Zeitgeschichte, Bd. III, S. 73.

dem man nur eine Steuer zu zahlen brauche, die von August verbotene, in Asien übliche Castration von Sklaven und den Castratenhandel wieder gestattet. Unter Claudius ging dann nicht nur ein Eunuch ins kaiserliche Haus über (Plin. h. n. 12, 12), ein anderer erhielt sogar beim britannischen Triumph militärische Auszeichnungen.

Dass die Freigelassenen sich unter diesen Umständen die Vorrechte des Senatorenstandes ertheilen liessen, war nur consequent. So kamen also Männer, die bisher nicht mit Unrecht wegen ihrer völlig charakter-, sitten- und vaterlandslosen Gesinnung verachtet waren, ins Regiment.

An die Stelle des Princips *potior dignitas sine vita, quam vita sine dignitate* trat das Streben nach Gewinn, auch nach dem verächtlichsten. Es siegte die *avara et feneratoria Gallorum philosophia* (Val. Max. 2, 6, 11), über die noch ein Papinian die Schale seines Zorns ausgoss; es kam aber auch die phönizische Verschlagenheit, der Kornwucher (Dardanariat) in seiner frechsten Gestalt, dem jedes Mittel, eine künstliche Theuerung herbeizuführen, gerecht war; es kam die gewissenlose Ausbeutung der fiscalischen Grundstücke; es kam die Zeit, wo die Quantität über die Qualität gestellt und auch die unreifen Producte nicht geschont wurden.

Zur Zeit des Augustus hatten die auf der Grenze Latiums und Campaniens wachsenden Weine, Falerner, Messiker, Cäcuber, für die edelsten der Halbinsel gegolten.

Aber schon zwei Menschenalter später, zu Plinius' Zeit, war der Falerner nicht mehr der alte *(exolescit)*, weil die Producenten mehr auf die Menge als auf die Qualität des Erzeugnisses Bedacht nahmen. Plin. h. n. 14, 65.[1]

Dieselbe Wandlung trat bei der Oelcultur ein.[2] Noch

---

[1] Vgl. *Hehn*, Culturpflanzen und Hausthiere (2. Aufl.), S. 80 fg.

[2] Vgl. darüber *Hehn*, a. a. O., S. 99.

Labeo hatte verlangt, dass bei der *olea* die *maturitas naturalis spectanda* sei, und dass die *olea immatura* nicht zu den *fructus* gezählt werden könne. Im vollen Gegensatz dazu lehrt aber Javolen in der Zeit des Trajan: *cum olea immatura plus habeat reditus quam si matura legatur, non potest videri, si immatura lecta est, in fructu non esse.* Ueberhaupt, meint er: *neque enim maturitas naturalis hic spectande est, sed id tempus, quo magis colono dominove eum fructum tollere expedit.* Dig. 23, 2, 48 *libro quento ex posterioribus Labeonis.*

Demnach sagte dann Paulus Dig. 7, 1, 48 pr.: *Silvam caeduam, etiamsi intempestive caesa sit, in fructu esse conitat, sicut olea immatura lecta, item faenum immaturum in fructu est.*

Am meisten litten unter dieser Theorie die Krondomänen, welche in der schamlosesten Weise ausgebeutet, zu Grunde gerichtet und dann vernachlässigt wurden.

Zu Gunsten neu gegründeter oder bevorzugter Handelsstädte, wie etwa Lyon und Köln, wurden ferner die italischen Städte ihres Schmucks beraubt.

Vielleicht schon unter Caligula muss sich nämlich die Praxis gebildet haben, aus kostbarem Material gebaute Paläste auf den Abbruch zu kaufen, um das Material mit Gewinn weiter zu verkaufen, eine Praxis, die selbst einem Claudius nicht behagen konnte. So erliess denn der Senat im J. 560 auf Antrag dieses Kaisers das *Sc. Hosidianum,* dessen Inhalt Paulus kurz so angiebt: *Senatus censuit, ne quis domum villamve dirueret, quo plus sibi adquireretur neve quis negotiandi causa eorum quid emeret venderetve: poena in eum, qui adversus senatus consultum fecisset, constituta est, ut duplum eius quanti emisset in aerarium in ferre cogeretur, in eum vero, qui vendidisset, ut irrita fieret venditio* (Dig. 18, 1, 52). Bekanntlich ist der Senatsschluss auch auf einer Herculanischen Tafel erhalten, worin die Pflicht betont wird, *abstinere se omnes cruentissimo genere negotiationis*[1].

Unter Nero ward dann einer Frau durch Senatsschluss gestattet, *aedificia, longa vetustate dilapsa neque refecta usui essent futura*, auf den von ihrem Vater im Gebiet von Mutina aufgekauften *campi Macri*, wo ein *mercatus* abgehalten werde, abzutragen oder auf den Abbruch zu veräussern.

Nachmals musste ein Edict des Vespasian und ein Senatsschluss untersagen, *negotiandi causa aedificia demoliri et marmora detrahere* (C. J. 8, 10, 2), also die Wegnahme von Bauornamenten des Handels wegen verbieten.

Aber der Unfug dauerte fort und fort. Unter Hadrian verbot der Senat im J. 122 nicht nur, *ea quae aedibus iuncta sunt legari* (Dig. 30, 41, 1), sondern auch das *detrahere vel subducere promercii causa.*

Damit ist zu verbinden, was Spartian c. 18 von Hadrian berichtet: *constituit, ut in nulla civitate domus aliquae, transferendae ad aliam urbem ullius materiae causa diruerentur.*

Die *Divi fratres* schlugen das Gesuch zweier Staatsschuldner, *ut sibi distrahere (detrahere?) permittatur*, rundweg ab (Dig. 30, 41, 27). Dagegen gestattete Caracalla und Severus: *eos qui rei publicae ad opus promiserint, posse detrahere ex aedibus suis urbanis atque rusticis et ad id opus uti*, weil das nicht *promercii causa* geschehe (Dig. 30, 41, 5). Aber im J. 222 musste Alexander in einem andern Fall wieder auf das Edict des Vespasian verweisen. C. J. 8, 10, 2.

Dieser Kampf der Gesetzgebung und des Handels zieht sich bis in die christliche Zeit. Interessant ist es, dass Constantin im J. 321 die Ausschmückung der Landhäuser auf Kosten der Städte verbot und zwar bei Strafe der Confiscation des Landguts. Hier fand die Eifersucht

---

[1] *Bachofen*, Ausgewählte Lehren, S. 185 fg.

der Stadt auf das Land ihren officiellen Ausdruck. Zu vergessen ist übrigens nicht, dass die Gutsbesitzer meist Heiden waren, während das Christenthum als Religion der Städter auftrat.

Jetzt wurden wohl umgekehrt alle Kunstwerke von den Villen in die Städte und zwar selbst anderer Provinzen geschleppt. So schrieb denn Julian, der das Interesse der Gutsbesitzer vertrat, im J. 363 an den *vicarius Africae: Nemini columnas vel statuas cuiuscunque materiae ex alea eademque provincia vel auferre liceat vel movere* (C. J. 8, 10, 7).

In diesem Zusammenhang hat es auch Interesse, daran zu erinnern, dass in der *oratio Severi* vom J. 195 dem Vormund nur die Veräusserung der *raedia rustica vel suburbana*, dagegen keineswegs der *urbana* verboten ward (Dig. 27, 9, 1). Ulpian zieht die *lapidicinae, cretifodinae* und die *metalla* unter das Verbot (Dig. 27, 3, 6, 5 pr.). Der Besitz eines Hauses in der Stadt galt noch damals nicht als vortheilhaft, wohl dagegen der Besitz eines Gutes.

Musste so selbst ein Claudius gegen eine gewisse Art des Handels einschreiten, so gab er nach einer andern Seite wieder dem Drängen der Händler nach. Durften doch jetzt in Italien *nundinae* nicht nur auf öffentlichem, sondern auch auf privatem Grund und Boden stattfinden, wo die polizeiliche Controle unmöglich wirksam eingreifen konnte.

Wie sehr das mit den berechtigten Interessen der Gemeinden in Widerspruch stehen mochte, sehen wir aus einer zur Zeit des Plinius (ep. 5, 4) im Senat stattfindenden, lang hingezögerten Verhandlung über die Bitte eines *vir praetorius, ut sibi instituere nundinas in agris suis permitteretur*, ein Gesuch, wogegen die Stadt *Vicetia* durch Gesandte Einspruch erhob.

Vielleicht geht der Satz, den wir bei Ulpian finden (Dig. 2, 12. 3, 2): *in eum qui quid nundinarum nomine adversus communem ut illitatem acceperit, omni tempore ius di-*

citur auf Bestechungen, wie die Gesandten der Stadt Vicetia sie zu machen sich genöthigt sahen, um dann dennoch von ihrem Patron im Stiche gelassen zu werden.[1]

Auf solche Märkte wurden auch Lieferungsverträge gestellt, Stipulationen, mit denen sich schon Sabinus beschäftigte. *Eum qui certarum nundinarum diebus dari stipuletur, primo die petere posse Sabinus ait, Proculus autem et ceteri diversae scholae auctores, quamdiu vel exiguum tempus ex nundinarum spatio superesset, peti posse existimant,* Dig. 45, 1, 138 pr.

Für Labeo aber gab der Besuch der *nundinae* zu einer andern Entscheidung den Anlass. *Qui ad nundinas profectus neminem reliquerit, et dum ille a nuudinis redit, aliquis occupanerit possessionem, videri eum clam possidere Labeo scribit.* Dig. 41, 2, 6, 6.

Bei diesen *nundinae* fanden (wohl zum Schluss) Gastereien *(epulae)* statt, deren Kosten bei einer *societas ad emendum* gemeinsam waren. Dig. 17, 2, 69. —

In den Städten Italiens finden wir seit Claudius viele Klagen über Maass- und Gewichtsfälschungen.

So wurden in Herculanum in der Zeit des Claudius und Vespasian die Gewichte rectificirt *(pondera exacta ad . . . cura aedil.* Henzen 7313*)* und in Ariminum *ex iniquitatibus mensuralum et ponderum aediles stateram aeream et pondera decreta decurionum ponenda curaverent.* Henzen 7133.

Auch die gleichzeitigen Schriftsteller reden von diesen Betrügereien. Persius 1, 128: *Italo quod honore supinus fregerit heminas Arreti aedilis iniquas.* Juvenal. 10, 100: *Fide-*

---

[1] *Plinius* l. c. *Vir praetorius Volleri a senatu petit, ut sibi instituere nundinas in agris suis permitteretur; contradixerunt legati Vicetinorum. adfuit Tuscilius Nominatur, delata causa est. Alio senatu Vicetini sine advocato intraverunt, dixerunt se deceptos, lapsine verbo an quia ita sentiebant. Interrogati a Nepote praetore, quem docuissent, responderunt quem prius. Interrogati an tunc gratis affuisset, responderunt lex milibus nummum: an rursus aliquid dedissent, dixerunt mille denarios. Nepos postulavit ut Nominatus induceretur. Hactenus illo die.*

narum Gabiorumque esse potestas et de mensura ius dicere. Vasa minora frangere pannosus vacuis aedilis ulubris mit dem Scholion: *ut iubias tabernariis.*

Noch Ulpian redet von dem Zerbrechen der (unrichtigen) *mensurae* durch Municipalbeamte. Dig. 19, 2, 13, 8.[1]

IV.

Mit der veränderten Stellung des Handels in der Wirthschaft Italiens steht im Zusammenhang das veränderte Verhältniss, welches in der spätern Zeit das ädilicische Edict zum Civilrecht einnahm, eine Aenderung, die neuerdings Wlassak in seinem schätzenswerthen Beitrag zur Geschichte der *negotiorum gestio* (Jena 1879) genauer charakterisirt.

„Wie heutzutage für den Kauf des bürgerlichen und des Handelsverkehrs verschiedene Rechte gelten, so standen sich auch im alten Rom zwei Systeme gegenüber, die beide den Kauf betrafen, das *ius civile* als gemeines, das ädilicische als Markt- oder Handelsrecht. Den beiden Rechtskreisen entsprachen gesonderte Gerichtshöfe. Die Marktkäufe unterlagen der Jurisdiction der curulischen Aedilen, die Käufe des bürgerlichen Verkehrs der des Prätors, die sachliche Competenz der Aedilen war eine engumschriebene. Welche Kriterien im Einzelnen für ihre Abgrenzung maassgebend waren, wissen wir nicht mehr".[2]

Im Allgemeinen schliesst Wlassak sich hier den Erörterungen Bechmann's in seiner Geschichte des Kaufs im römischen Recht (1876) an[3], der aber das Verhältniss von Civilrecht und ädilicischem Edict „nur im Allgemeinen" zeichnet, obgleich er die Nothwendigkeit einer eingehenden Untersuchung selbst betont.[4] „Competenzcon-

---

1 *Mommsen*, Röm. Staatsrecht, Bd. II, S. 470.
2 S. 167 f.
3 Bd. I, S. 395 fg.
4 Bd. I, S. 414, c. 1.

flicte zwischen Praetor und Aedil", meint Bechmann, „werden so wenig gefehlt haben wie bei uns zwischen dem ordentlichen und dem Handelsgericht und waren, wie hier, zugleich ein Conflict um die anzuwendende Norm."[1]

Wlassak aber hebt hervor, von welcher Bedeutung es war, dass die Juristen die Bestimmungen des ädilicischen Edicts allmählich auf alle Käufe ausdehnten. „Was die römischen Juristen vollzogen, indem sie die Normen des Aedilenedicts auf Käufe aller Art, selbst von Immobilien für anwendbar erklärten, hatte genau dieselbe Bedeutung, wie wenn heutzutage der Kauf des bürgerlichen Verkehrs den Regeln des Handelsgesetzbuches unterworfen würde. Das ädilicische Sonderrecht war durch diese Operation mit einem Schlage zum gemeinen bürgerlichen Recht erhoben" (S. 169).

Ist diese Auffassung richtig, und meines Erachtens ist sie es, so liegt hier ein Umschwung der gesammten socialen Verhältnisse vor, mit dem sich nur der Fortschritt von unserer mittelalterlichen Bauernwirthschaft zur heutigen Mobilisirung des Grundbesitzes vergleichen lässt.

Galt theoretisch bei den Römern, wie bei uns, der Satz, dass der Begriff der Waare sich auf Mobilien beschränke, so ward derselbe praktisch dadurch beseitigt, dass das früher nur auf Mobilien bezügliche ädilicische Edict jetzt auch auf Immobilien Anwendung haben solle, ein Satz, den die Compilatoren sogar an die Spitze des Titels *de aedilicio edicto* (21, 2) stellen und ihn dazu dem Labeo in den Mund legen. Aber wenn es hier heisst: *Labeo scribit, edictum aedilium curulium de venditionibus rerum esse tam earum quae soli sint quam earum quae mobiles aut se moventes*, so hatte Labeo sicher nur unterschieden zwischen *res mobiles* im engern Sinne, *quae anima carent* und den *res animales, sese moventes*, zu denen auch die Sklaven *(mancipia)* gehörten.

---

[1] Bd. I, S. 412.

Sowohl Labeo als Capito handeln von den Aedilen, jener von ihrem Edict, dieser aber von ihrer Person. Er theilt nämlich im 8. Buche seiner *coniectanea*, das über die *iudicia publica* handelte, folgendes *decretum triburorum gravitatis antiquae plenum* mit.

Aulus Hostilius Mancinus aedilis curalis fuit. Is Maniliae meretrici diem ad populum dixit, quod e tabulato eius noctu lapide ictus esset vulnusque ex eo lapide ostendebat. Manilia ad tribunos plebis provocavit. Apud eos dixit, commessatorem Mancinum ad aedes suas venisse; eum sibi recipere non fuisse e re sua; sed cum vi irrumperet, lapidibus sepulsum. Tribuni decreverunt: aedilem ex eo loco iure deiectum, quo eum venire cum corollario non decuisset. Propterea ne cum populo aedilis ageret, intercesserunt. Gell. 4, 14, 1—6.

Dieses Decret erinnert an die Entscheidung des Celsus über die Geheisse des *arbiter compromissarius*, von der Ulpian in Dig. 4, 8, 21, 11 berichtet: *Sed a si in aliquem locum inhonestum adesse iusserit (sc. litigatores), puta in popinam vel in lupinarium, ut Vivianus ait, sine dubio impune ei non parebitur, quam sententiam et Celsus libro secundo digestorum probat. unde eleganter tractet, si is sit locus, in quem alter ex litigatoribus honeste venire non possit, alter possit.*

Dass die Aedilen nicht nur das Recht der Confiscation, sondern auch der Vernichtung von Waaren hatten, kann keinem Zweifel unterliegen. Auch die verbotenen Bücher gehörten zu diesen Waaren, und so erklärt sich deren Verbrennung durch die Aedilen von selbst, während Mommsen[1] auffallender Weise die Zuziehung der Aedilen in diesem Falle aus der Rücksicht auf „die Schonung des Strassenpflasters und die Vermeidung von Feuersgefahr“ erklärt.

---

[1] A. a. O., S. 478 fg.

Auch die Maximalpreise der *utensilia*, zu denen nicht nur Esswaaren *(edulia)*, sondern auch Hausgeräth *(supellex)* gerechnet ward, müssen in Ausführung der Sumptuargesetze, die Augustus bekanntlich wieder in Kraft setzte, von der Obrigkeit, ohne Zweifel von den Aedilen, normirt worden sein. Tacitus berichtet nämlich zum J. 22 (ann. 3, 52): *incipiente C. Bibulo ceteri quoque aediles disseruerant, sperni sumptuariam legem vetitaque utensilium pretia augeri posse.*

Sueton giebt (Tib. 34) einige Specialitäten an: *Corinthiorum vasorum pretia in immemsum exarsisse tresque mullos triginta milibus nummum venisse.*[1]

Die *Corinthiorum vasa* sind ohne Zweifel die Nekrokorinthen, die seit der Neugründung von Laus Julia Corinthus in den Handel gekommen waren. Die neuen Ansiedler nämlich entdeckten bald in den bei den Neubauten in grosser Anzahl geöffneten alten Gräbern zahlreiche irdene und metallene Gefässe von namhaftem Kunstwerth. Da begann denn eine allgemeine Beraubung der Gräber dieser Gegend und Rom wurde eine Zeit lang mit solchen Kunstwerken, die man Nekrokorinthen nannte, überschwemmt".[2]

Die in der Tiber gefangenen Fische wurden von den ausländischen Seefischen in den Schatten gestellt.

Schon der Senat hatte betont: *nec mediocribus remediis sisti posse* (Tac. l. c.), war aber im Uebrigen rathlos und wies die Sache an den Kaiser, der gleichfalls gestand, dass die Behörden solchen *flagitiis impares* seien und dass es,

---

[1] *Appuleius* metam. 1, 24, 25 lässt in Hypata in Thessalien den Aedilen wegen des hohen Preises, zu dem ein Fischhändler einen Korb Fische verkauft hat, denselben ausschütten und die Fische durch einen Unterbeamten zertreten. Wenn Mommsen meint, der Aedile habe dabei nur vergessen, dem Käufer das gezahlte Geld wieder geben zu lassen, so ist das meines Erachtens unrichtig; der Kauf ist zu verbotenen Preisen nichtig und jeder trägt den Schaden.

[2] *Hertzberg*, Gesch. Griechenlands, Bd. I, S. 461 fg.

um dies nicht offenkundig werden zu lassen, vielleicht besser gewesen wäre, *omittere praevalida et adulta vitia.*

Aber der Kaiser erkannte es für seine Pflicht, den Senatoren selbst die Schuld zuzuschreiben. *Villarumne infinita spatia? familiarum numerum et nationes? argenti et auri pondus? aeris tabularumque miracula? promiscua viris et feminis vestes? atque illa feminarum propria, quis lapidum causa pecuniae nostrae ad externas aut hostilis gentes transferuntur?*

Mit dieser Mahnung aber liess der Kaiser es nicht bewenden, sondern er gab den Aedilen scharfe Weisungen und ging selbst dem ersten Stande mit dem Beispiel bürgerlicher Einfachheit voran. Suet. c. 34 *adhibendum supellectili modum censuit annonamque macelli senatus arbitratu quotannis temperandum, dato aedilibus negotio popinas ganeasque usque eo inhibendi, ut ne opera quidem pistoria proponi venalia sinerent. et ut parsimoniam publicam exemplo quoque iuvaret, solemnibus ipse caenis pridiana saepe ac semeta obsonia opposuit dimidiatumque aprum affirmans omnia eadem habere quae totum.*

Auch hier war es Claudius, der das bisher geltende Recht selbst zerstörte. Anstatt den scharf eingreifenden Aedilen wegen seiner Energie zu loben, ward derselbe ungehört relegirt und den Aedilen überhaupt die Aufsicht über die Garküchen *(popinae)* entzogen. Suet. Claud. 38. Nero liess dann auch ihr Pfändungs- und Multirungsrecht auf gesetzlichem Wege beschränken. Tac. ann. 13, 25.

Die *centesima rerum venalium*, die Augustus eingeführt hatte, traf nicht, wie Marquardt[1] meint, alle Kaufcontracte, sondern nur alle Marktkäufe, aber auch die *auctiones.* Tiberius setzte die Steuer im Jahre 17 auf $^1/_2$ Proc. herab, um im Jahre 38 den ursprünglichen Satz wieder herzustellen.

---

[1] A. a. O.

Auch die gleichfalls von August eingeführte *quenta et vicesima venalium mancipiorum* ward nicht, wie Marquardt[1] wieder schreibt, von jedem gekauften Sklaven, sondern nur von den auf den Markt gebrachten erhoben.

Es charakterisirt ganz den Wahnsinn des Caligula, dass er die bisher steuerfreien *edulia* in Rom besteuerte (*pro edulibus, quae tota urbe venirent* Suet. Cal. 40) und dafür die übrigen *res venales*, von denen bisher eine Steuer erhoben worden war, in Italien frei gab. Dio Cass. 59, 9.

V.

Noch kaum in Betracht gezogen ist das Verhältniss des *praetor peregrinus* und seines Edicts zu den Aedilen und ihrem Edict. Und doch ist es klar, dass beide Magistrate das gemein haben, dass wesentlich *peregrini* vor ihnen Recht nehmen müssen, nämlich *peregrini*, die mit Römern Rechtsgeschäfte abgeschlossen haben. Für diese Rechtsgeschäfte aber galt das *ius gentium*, für dessen Ausbildung im Verkehr der *cives* unter einander kaum ein Bedürfniss vorlag, während es im Verkehr der *cives* mit den *peregrini*, denen ja das *commercium* fehlte, um so dringlicher hervortrat. So dürfen wir denn auch die Ausbildung der *emptio venditio* nicht an dem Gericht des *praetor urbanus*, sondern nur an dem des *praetor peregrinus* suchen, wo die Kunst der Juristen ein besonders fruchtbares Feld finden musste.

Die Verfolgung dieser Entwickelung würde für uns von besonders hohem Interesse sein, aber leider hat die Ungunst des Schicksals die hier in Betracht kommende Literatur so gut wie vollständig vernichtet. Noch Gaius (7, 8) betont das *amplissimum ius*, das in dem Edict des *praetor peregrinus* enthalten sei, so dass ein Labeo dringende Veranlassung hatte, einen umfassenden Commentar *ad edictum praetoris peregrini* zu schreiben, ein Werk, das freilich seit

[1] A. a. O., S. 270.

Caracalla sein praktisches Interesse verlor und seitdem auch für die Rechtsgeschichte unterging.

Um das Maass des Unglücks voll zu machen, stellt unser Theodor Mommsen[1] die frühere Existenz eines Commentars des Labeo zum *edictum praetoris peregrini* überhaupt in Abrede und führt die thatsächliche Erwähnung desselben in den Digesten lediglich auf falsche Auflösung einer Abkürzung zurück. Das in der Florentina (Dig. 4, 3, 9, 4) voll und deutlich stehende *Labeo quoque libro trigensimo praetoris peregrini* soll weichen einem *Labeo quoque libro trigensimo posteriorum;* und nicht wenige unserer Gelehrten sind diesem Wort des Meisters ohne Weiteres gefolgt.

Aber ein Grund für diese Aenderung ist gar nicht zu ersehen und wird auch von Mommsen nicht angegeben; denn dass die Bezeichnung *praetor peregrinus* „von Labeo unmöglich gesetzt sein kann", ist ja nur eine Wiederholung des zu Beweisenden, und die Berufung auf die angebliche Incorrectheit dieser Bezeichnung ist angesichts der von Mommsen selbst constatirten Thatsache, dass auch Gaius und Pomponius, desgleichen schon Inschriften aus vespasianischer Zeit, denselben Sprachgebrauch haben, hinfällig.

In der That liegt nicht nur kein Grund für eine solche Aenderung vor, sondern alles, positive Ueberlieferung und Natur der Sache, machen eine Aenderung unmöglich, sodass wir, wenn uns jene Notiz über Labeo's Commentar nicht erhalten wäre, nichtsdestoweniger die frühere Existenz solcher Commentare, und zwar recht umfangreicher, anzunehmen gezwungen wären.

Zunächst setzen des Labeo, des Sabinus und des Gaius wohlbezeugte *libri ad edictum praetoris urbani* — *Ulpianus libro undecimo ad edictum* schreibt: *Labeo libro primo praetoris urbani definit* (Dig. 50, 15, 9); Idem (Paulus) *libro*

---

[1] A. a. O.

quadragesimo ad edictum: Sabinus ad edictum praetoris urbani libro quinto scribit (Dig. 38, 1, 18); *Gaius ad edictum praetoris urbani* in einer grossen Reihe von Stellen (z. B. Dig. 40, 11, 6. 50, 17, 139), gewöhnlich noch mit Angabe eines *titulus*, z. B. *Gaius ad edictum praetoris urbani titulo de aquae pluviae arcendae* (Dig. 39, 3, 13) — solche Citate setzen doch den Gegensatz von *libri ad edictum praetoris peregrini* voraus.

Auch in Dig. 50, 15, 19 will Mommsen statt *libro primo praetoris urbani* lesen *libro primo ad edictum pr.u.*, offenbar, weil ihm jener Ausdruck allzu salopp erscheint. Aber Mommsen übersieht, dass in demselben *liber* desselben Ulpian derselbe Ausdruck wiederkehrt, nur mit dem Unterschied, dass es das eine mal *libro praetoris urbani*, das andere mal *libro praetoris peregrini* heisst, zwei Stellen, die sich gegenseitig stützen und so auch jede Aenderung aus sprachlichen Bedenken als unmotivirt erscheinen lassen.[1]

Die Zahl *libro trigensimo* endlich, die allerdings auch für die *libri posteriorum* passen würde, darf für einen Commentar *ad edictum praetoris peregrini* nicht auffällig erscheinen, da ja Gaius das *amplissimum ius in edictis duorum praetorum, urbani et peregrini* hervorhebt.

Kann sonach an der Existenz dieses Labeonischen Commentars ferner kein Zweifel bestehen, so ist es eine Aufgabe der Rechtsgeschichte, den Spuren dieses Commentars in den Werken der spätern Juristen nachzugehen.

Vergleichen wir jetzt nochmals das Gericht der Aedilen mit dem des *praetor peregrinus*, so stellt Mommsen für jenes die sehr wahrscheinliche Vermuthung auf, dass von den Aedilen „nach Umständen bald ein *iudex unus*, bald Recuperatoren gegeben wurden". Dasselbe aber wird von dem *praetor peregrinus* gelten, für den jedenfalls die Ge-

---

[1] Paulus citirt allerdings genauer *ad edictum praetoris urbani*, Dig. 38. 1, 18.

schworenenliste nicht maassgebend war[1]. Wenn es aber, wie Gaius 4, 105 bezeugt, Processe gab, in denen *peregrini persona iudicis intervenit*, so müssen wir an die Processe vor dem *praetor peregrinus* und den Aedilen denken.

Neuerdings ist ausgeführt worden, dass auch der *cognitor*, von dem Paulus (Vat. fr. 319) sagt: *etiam graecis verbis cognitorem dari posse, inter omnes constat*, ein unrömisches, von aussen her recipirtes Institut sei. Und in der That erfahren wir aus Cicero, dass die Cognitur auf Sicilien, also in einem gräcisirten Lande, wohlbekannt war, und dass ein Peregrine, ein Siculus, sowol selbst zum *cognitor* gemacht werden, als einen *cognitor* bestellen konnte.[2] So dürfen wir uns denn auch den *cognitor* des *peregrinus litigator* in Rom vielfach als *peregrinus* denken. Jedenfalls ist die Cognitur ein wenig angesehenes Gewerbe.[3] Wie die Graecostasis nahe legt, sind es vor allem Griechen, die an dem Gericht des *praetor peregrinus* ein Interesse haben und es als Kläger benutzen. Asconius p. 80. Es sind denn auch grichische Inschriften, die mehrfach den ἐπὶ τῶν ξένων στρατηγός erwähnen.[4] Aber auch die in Rom aufgenommene Zunft der *mercatores* bestand wesentlich aus Griechen.[5]

Die Competenz des *praetor peregrinus* einer- und der Aedilen anderseits ward also nicht sowol durch eigenthümliche Qualitäten der Parteien als vielmehr durch die Natur des Rechtsgeschäfts bestimmt, je nachdem dasselbe ein Marktkauf war oder ein anderer Kauf.

Dagegen ist es weder richtig, dass seit der *lex Julia iudiciorum (privatorum)* „die Parteien nach Uebereinkunft, also ohne Rücksicht auf ihren Stand", den *praetor*

---

1 *Mommsen*, a. a. O., S. 211.

2 *Wlassak*, a. a. O., S. 55.

3 *Bethmann-Hollweg*, a. a. O., II, S. 419.

4 *Mommsen*, a. a. O., S. 179.

5 *Preller*, a. a. O., S. 597.

urbanus oder *peregrinus* hätten angehen können, wie Bethmann-Hollweg[1] meint, — die dafür citirte L. 201. D. *de iudic.* (5, 1) sagt davon kein Wort —, noch ist wegen der ältern Bezeichnung: *praetor qui inter peregrinos ius dicit* der Schluss berechtigt, dass der *praetor peregrinus* auch Processe blos zwischen Nichtbürgern entschieden habe. Ganz richtig sagt Mommsen[2], der diesen Satz aufstellt, selbst, dass die *peregrini* hier allgemein zu fassen sind, so dass die *Latini* eingeschlossen und überhaupt sämmtliche, vor einem römischen Gericht klagberechtigte aber des Bürgerrechts entbehrende Personen verstanden sind. In Rom klagberechtigt sind aber nur die Angehörigen eines solchen Volks, dem dies Recht durch völkerrechtlichen Vertrag eingeräumt ist.

In der Kaiserzeit aber sind der Competenz des *praetor peregrinus* auch die Italiker zugewiesen, die nicht in Rom selbst oder dem nächsten Umkreise ansässig sind. Nur so erklärt sich, dass nicht nur in der *lex Rubria* (lin. 24 sq. *eam stipulationem, quam is quei Romae inter peregrinos ius deicet, in albo propositum habet)*, sondern auch in dem *edictum Augusti de aquaductu Venafrano* (l. 915 sq. *eum qui inter civis et peregrinos ius dicet, iudicium reciperatorium ... reddere ... placet)* auf den *praetor peregrinus* verwiesen ist. Die Municipalen waren auch nach der Civitätsertheilung noch gewissermaassen Bürger zweiter Klasse.

---

[1] A. a. O., Bd. II, S. 50.
[2] A. a. O., S. 206.

ZUR

GESCHICHTE DER AUFLASSUNG.

VON

RUDOLPH SOHM.

INHALT.

Trotz der trefflichen Arbeit von Heusler über die Gewere (Weimar 1872) können die Akten über diesen grossen Gegenstand noch nicht als geschlossen bezeichnet werden.

Was ist Gewere?

Die ältere Lehre antwortete: Gewere ist 1) Besitz, und 2) Besitzrecht („dingliches Klagrecht", Albrecht, „formales Besitzrecht", Stobbe). Damit waren zwei sich widersprechende Begriffe nebeneinander gestellt. Der Begriff „Besitzrecht" oder „Klagrecht" sollte jedoch der eigentlich juristische Begriff der Gewere („juristische Gewere") sein. Ueber den Begriff dieses Gewere-Besitzrechts war es unmöglich in's Klare zu gelangen, weil dasselbe nach dieser Lehre zwar die Grundlage des ganzen Sachenrechts und das praktisch wichtigste Recht an der Sache, aber doch kein Sachenrecht, sondern von jeder Zuständigkeit eines dinglichen Rechts an der Sache unabhängig war. Diesem „Recht zu besitzen" ist von Laband und Heusler der Krieg erklärt worden. Mit aller Bestimmtheit ward ein monistischer Begriff der Gewere aufgestellt. Gewere ist nach Laband und Heusler nur Besitz, ein thatsächliches Verhältniss zur Sache, niemals aber ein Recht zu besitzen. Wie eine befreiende That erschienen diese Ausführungen. Der ganze mystische Nebel, welcher die Lehre von der Gewere bedeckt hatte, hob sich, um dem Sonnenlicht einer einfachen juristischen Vorstellung Platz zu machen. Stobbe zog in seinem Deutschen Privatrecht die Summe der neu gewonnenen Resultate, und erklärte selber, nunmehr auf seine frühere Ansicht von der Gewere als dem „formalen Besitzrecht“ des deutschen Rechts Verzicht zu leisten. Die Auffassung von Laband und Heusler gewann die ganze germanistische Jurisprudenz[1].

Nichtsdestoweniger ist der Friede in dem Kampf um die Gewere noch nicht als gesichert zu betrachten.

Es ergab sich schon aus der Arbeit Heusler's, dass der einfache Begriff der Gewere als des thatsächlichen Besitzes nicht durchführbar erschien. Heusler sah sich genöthigt, in zwei Fällen eine Gewere anzunehmen, wo doch der thatsächliche Besitz in dem einfachen Sinne des Worts zweifellos fehlte. Das sind die beiden Fälle der Gewere des Erben (noch vor der Apprehension) und der Gewere des Dejicirten. Bald zeigte sich[2], dass noch ein dritter Fall zu nennen war: die Gewere auf Grund der Auflassung (vor der wirklichen Besitzergreifung).

Diese drei Fälle der Gewere ohne realen Besitz sind die Wetterwolken am Horizont. Sie drohen, die gesammte Errungenschaft, welche durch Laband's und Heusler's Arbeiten gewonnen ist, wiederum zu zerstören.

Am Besten wird die gegenwärtige Lage durch die zusammenfassende Darstellung veranschaulicht, welche die sachkundige Hand Brunner's vor Kurzem gegeben hat[3]: Er constatirt, dass bei der Identificirung von Gewere und thatsächlichem Besitz „eine Reihe ungelöster Schwierigkeiten bestehen“. Gewere bedeute zwar Besitz, aber:

> „Gewere bedeutet ferner in einer Reihe von Fällen — und das ist der streitigste Punkt — das Besitzrecht ohne Rücksicht auf das thatsächliche Verhältniss. Die

---

1 Anders allerdings *Planck*, Das deutsche Gerichtsverfahren im Mittelalter, Bd. I (1879), S. 681 fg.

2 Vgl. Recht der Eheschliessung, S. 86, zustimmend *Brunner* bei Holtzendorff, s. unten.

3 *Brunner* bei Holtzendorff, Encyklopädie der Rechtswissenschaft, 3. Aufl. (1876), S. 206, 207.

Gewere des Erben, des unrechtmässig Entwerten und die durch Auflassung („symbolische Besitzeinweisung") begründete Gewere fallen unter diesen Gesichtspunkt."

Die Gewere ist nach Brunner also wiederum 1) Besitz und 2) Besitzrecht. Die drei Fälle des Erben, des Dejicirten, des Auflassungsempfängers sprengen den einfachen Besitzbegriff. Der Dualismus ist wieder da, und das Räthsel erscheint so dunkel wie zuvor.

Blicken wir auf die Lehre von dem Eigenthumserwerb an Grundstücken nach deutschem Recht, so begegnet uns dort eine gleiche Reihe noch ungelöster Schwierigkeiten. Die ältere, von Beseler begründete, zuletzt von Stobbe eingehend entwickelte Lehre unterschied für den Erwerb des Eigenthums am Grundstück zwei Vorgänge: den feierlichen dinglichen Vertrag, nämlich die durch Symbole (Rasen, Halm u. dgl.) solennisirte Erklärung präsenter Eigenthumsübertragung (die sogenannte *traditio* oder *sala*), und die gleichfalls feierliche Besitzeinweisung in das Grundstück (die *investitura*). Der Eigenthumserwerb ward mit dem feierlichen dinglichen Vertrag (der *traditio*) bereits als vollendet gedacht, die Investitur sollte nur der thatsächlichen Ausführung und der Sicherung des Rechtserwerbes dienen. Bei näherer Betrachtung stellte sich indess heraus, dass ein selbständiger dinglicher Vertrag überall nicht existirte, dass die *sala* des alten Rechts vielmehr mit dem Contractsschluss (Kauf, Schenkung u. s. w.) zusammenfiel[4], dass also das Verhältniss von *sala* und *investitura* als der Gegensatz von Contract und Investitur zu denken war. Sollte die alte Lehre von dem Eigenthumserwerb durch blosse *traditio* oder *sala* ohne Investitur, richtig sein, so musste der Contract (Kauf

---

4 Eheschliessung, S. 80 fg. Vorher in der Hauptsache schon derselben Ansicht *Heusler*, Gewere, S. 17 fg.

u. s. w.) bereits den Erwerbsgrund für das deutsche Grundeigenthum darstellen. Diese Ansicht habe ich durchzuführen gesucht[5], doch ergaben sich bald erhebliche Schwierigkeiten. Brunner zeigte[6], dass der blosse Contractsschluss ohne dingliche Wirkung gegen Dritte war, also dennoch das Eigenthum nicht gewährte. So entstand die grosse Frage nach dem Verhältniss von Contract und Investitur. Dass beide Vorgänge zum rechten Erwerb des Eigenthums nothwendig waren, ergab sich als zweifellos[7]. Aber das Verhältniss, in welchem sie zu einander standen, entzog sich der Formulirung.

So muss noch heute gerade der bedeutendste Theil des mittelalterlichen Privatrechts als voll „ungelöster Schwierigkeiten", und als in seinen Grundlagen noch nicht klar gestellt bezeichnet werden. Die angedeuteten Fragen auf dem Gebiet des Eigenthumsrechts und der Gewere zeigen, dass das ganze deutsche Immobiliarsachenrecht noch der richtigen Erkenntniss harrt. Und doch ist durch die genannten Forschungen schon so weit vorgearbeitet, dass es, wie es scheint, nur noch eines kleinen Schrittes bedürfen wird, um die ganze Wahrheit zu ergreifen.

In den Mittelpunkt aller dieser Schwierigkeiten treten wir mit der Lehre von der Auflassung, oder, wie wir zunächst sagen wollen, der Investitur ein. Aus der Investitur des alten Rechts ist die Auflassung des Landrechts, die Investitur des Lehnrechts hervorgegangen. Sie beherrscht das ganze Recht des Grundbesitzes im Mittelalter. Sie hat zugleich Fühlung mit dem noch heute lebendigen

---

5 Recht der Eheschliessung, a. a. O. Trauung und Verlobung, S. 139 fg.

6 In seiner Besprechung meiner Schrift über Trauung und Verlobung in der Jenaer Lit. Zeitung, 1876, Art. 439. Gleichfalls gegen meine Ansicht *Stobbe*, Deutsches Privatr., Bd. III (1878), S. 154 Note.

7 So auch *Brunner* in Goldschmidt's Zeitschrift f. Handelsrecht, Bd. XXII, S. 526, 527.

Recht des Grundbesitzverkehrs. Indem wir von der Investitur und ihrem Sprössling, der Auflassung, handeln, werden wir versuchen, die Fundamente des deutschen Immobiliarsachenrechts aus dem mit Trümmern überschütteten Boden der Vergangenheit heraus zu graben.

§. 1.

REALE UND SYMBOLISCHE INVESTITUR.

Es giebt zwei Arten der Investitur[8].

Die eine Art wollen wir als reale Investitur bezeichnen. Die reale Investitur ist die feierliche Besitzübertragung des Grundstücks, welche auf dem Grundstück selber vor Zeugen und unter bestimmten Solennitäten vollzogen wird. Die Solennitäten der realen Investitur sind zweierlei: der solenne Apprehensionsakt und der solenne Auflassungsakt. Beide Handlungen sind nothwendig, um die Wirkung der Investitur herbeizuführen. Denn der Besitz am Grundstück (und gleichzeitig das Eigenthum) wird, anders als an der beweglichen Sache, nach deutschem Recht nicht durch *nudum corpus* und *animus*, sondern nur

---

[8] Meine Ansicht über reale und symbolische Investitur und über die Auflassung als eine Form der letztern, welche ich in der Kürze bereits früher, Recht der Eheschliessung (1875), S. 83—86, ausgeführt habe, hat inzwischen zu meiner Freude Zustimmung und weitere Unterstützung durch *Brunner* gefunden. Vgl. *Brunner* in Holtzendorff's Encyklopädie, Bd. I, 3. Aufl. (1876), S. 207 (anders noch in der 2. Aufl., 1873, S. 194, 195), besonders aber *Brunner* in Goldschmidt's Zeitschrift für Handelsrecht, Bd. XXII (1877), S. 526 fg. und *Brunner*, Carta und Notitia (in den Festgaben für Mommsen 1877) S. 9—11 (von mir nach dem Separatabdruck citirt). Den Thatbestand der Auflassung als *exfestucatio* hat *Brunner* schon in seinem Aufsatz über das Gerichtszeugniss und die fränkische Königsurkunde (in den Festgaben für Heffter 1873) S. 161 festgestellt, aber ohne zugleich das juristische Wesen der Auflassung als symbolische Investitur zu definiren. Durch die beiden jüngsten Abhandlungen *Brunner's* vom Jahre 1877, sowie durch seine inhaltreiche Besprechung meiner Schrift über Trauung und Verlobung (1876) in der Jenaer Literaturzeitung, 1876, Art. 439 ist die Lehre von der Investitur erheblich gefördert worden, wenngleich ich seiner Ansicht über die *investitura per cartulam* nur theilweise zustimmen kann, wie weiter unten erhellen wird.

durch solenne Aeusserung von *corpus* und *animus* erworben. Der solenne Apprehensionsakt drückt den Besitzerwerb des Empfängers aus. Der Investirte nimmt aus der Hand des bisherigen Besitzers eine (soeben ausgestochene) grünende Scholle, den „Torf" *(herbam vel terram, ramum cum cespite)*, das Abbild des *praedium rusticum*, entgegen; handelt es sich um ein *praedium urbanum*, so betritt er (auf förmliche Veranlassung des Veräusserers) die Thürschwelle des Hauses; soll der Besitz einer Kirche übergeben werden, so übergiebt der bisherige Besitzer ihm das Glockenseil. Bei den Veräusserungen der Grossgrundbesitzer, welche häufig Grundstücke von allen drei Arten nebeneinander umfassen (die *villa cum ecclesia* nebst dem zugehörigen Landbesitz) werden regelmässig alle drei Apprehensionshandlungen cumulirt. Auf die Apprehension folgt die Auflassung. Die Auflassung ist nicht, wie früher angenommen wurde, das solenne Veräusserungsgeschäft *(traditio, sala)* des deutschen Rechts, sondern Bestandtheil der Investiturhandlung. Sie wird durch *per festucam se exitum* (oder *exutum*) *dicere* oder *facere* (daher die Bezeichnung als *exfestucatio*, *werpitio*, *resignatio*) seitens des Veräusserers vollzogen, d. h. sie ist der solenne, durch Halmwurf *(festuca)* und Rede *(dicere)* vollzogene Besitzverzicht des Veräusserers (Auflassung mit Halm und Mund). Durch die Auflassung erklärt der Veräusserer, dass er von jedem Verhältniss zur Sache zurücktritt, dass er zu Gunsten des Erwerbers den Besitz „auflässt", offen macht, aufgiebt, dass er (römisch ausgedrückt) ihm die „*vacua possessio*" tradirt: *me exinde foras expuli et absasito*[9] *feci*, oder: *sibi foras exitum, alienum vel spoliatum esse dixit et omnia wirpivit.*[10] Die Auflassungshandlung solennisirt den Besitzverlust des Veräusserers. Darum ist sie der

9 D. h. entsetzt, entwert, von *sacire (saisire)*, die *disseisina* des späteren Rechts.

10 Vgl. die weiter unten abgedruckte Urkunde aus Mabillon v. J. 870 und die Lindenbrogische Formel Nr. 155 (Rozière 256).

Schluss der Investiturhandlung. Sie ist das Punktum hinter der Investitur. Jetzt erst ist der Investiturakt fertig. Der Moment des Besitzwechsels ist signalisirt. In dem Augenblick der Auflassung ist der Besitz des Veräusserers auf den Erwerber übergegangen.

Den geschilderten doppelten Thatbestand der realen Investitur zeigen deutlich die fränkischen Formeln[11], z. B.

Formeln von Sens aus dem 9. Jahrh. Nr. 19 (*Rozière*, Recueil des formules Nr. 286): *Tradetoria de terra. Veniens homo alicus, nomine illo, in pago illo, in loco que diciter ille, ante bonis hominibus qui subter firmaverunt, terra illa — quem (corr. quam) ante os dies hominem alico, nomine illo, per vindictionis titulum accepto vero pretio visur fuit vendidisset, ante ipsius bonis hominibus, ad integrum, ut quicquid praedicta vindictione ei vendidi, per manibus partibus ipsius lue vel herba vel terra visus fuit tradidisset, et per suum fistucum contra ipso illo exinde exitum fecit, ut quicquid ipse ille de ipsa terra ad die praesente facere voluerit, liberam et firmissimam in omnibus habeat potestatem faciendi*[12].

Aus den Urkunden wähle ich ein bisher noch unbenutztes Beispiel, welches auch in anderer Hinsicht interessant ist. Karl der Kahle hat durch *praeceptum* vom 19. October 845 dem Grafen Vivianus das Monasteriolum Cunaldus (im Gau von Angers an der Loire gelegen) geschenkt. Der Graf Vivianus schenkt dasselbe Kloster (*„rem proprietatis juris mei“*) durch Urkunde vom 27. December desselben Jahres an das Kloster des heil. Filibert.

---

[11] Dass die solennen Formen der Investitur „hauptsächlich in bayrischen und langobardischen Urkunden erwähnt werden“, wie *Heusler*, Gewere (1872), S. 21 annimmt, kann ich nicht bestätigt finden. Dass diese Formen auf dem Gebiete des fränkischen Rechts entwickelt und von dort nach Italien übertragen sind, bemerkt *Heusler* selbst a. a. O., Note 1, vgl. ebendas. S. 289, Note 1.

[12] Vgl. Roz. 255. 256. 287—289. 297.

Eine Bestätigungsurkunde über diese Schenkung wird am gleichen Tage von Karl dem Kahlen ausgestellt. Damit war die Sale, das Veräusserungsgeschäft, vollzogen. Beide Urkunden (die Schenkung und die Bestätigung) sind in Tours ausgefertigt; die Sale erfolgte also nicht am Ort des belegenen Grundstücks und ohne sofortige Besitzübertragung. Zehn Tage später (am 6. Januar 846) ward die feierliche Investitur vollzogen, auf dem geschenkten Grundstück selbst, aber nicht durch den Schenker, den Grafen Vivianus, persönlich, sondern durch seinen Bruder, den Abt Rainald, welcher dazu durch königliches *praeceptum* ermächtigt war. Ueber die Investitur ist eine *Notitia* aufgenommen, welche den ganzen Akt schildert[13]:

> *Notitia loci traditionis, qualiter veniens Rainaldus — abba ad locum qui vocatur Cunaldus* (das Objekt der Schenkung) — *per jussionem domini Karoli regis in advocatione Viviani comitis* (des Schenkers) *germani sui*[14] 8. *Idus Januarii, obviam monachorum S. Filiberti — vel Hilboldi abbatis ad consignandas vel tradendas (vel) perpetualiter habendas easdem res ad eandem congregationem S. Confessoris Filiberti, sicut*

---

[13] Die *Notitia* steht bei *Juenin*, Nouvelle histoire de l'abbaye de Tournus, Dijon 1733, Preuves, p. 84. Daselbst p. 81 die Schenkung Karl's des Kahlen an Vivianus, p. 82 die Schenkung des Vivianus an den heil. Filibert, p. 83 die Bestätigung dieser Schenkung durch Karl den Kahlen. Die *Notitia* steht nur bei *Juenin*, nicht bei *Bouquet* noch bei *Chifflet*, wo sonst die letztgenannten Urkunden (*Chifflet*, Histoire de l'abbaye royale de Tournus, Dijon 1664, p. 201; *Bouquet*, Recueil, VIII, p. 480. 483) gleichfalls abgedruckt sind. Die *Notitia* war in der Handschrift an die Schenkungsurkunde des Vivianus angehängt, und ist von *Juenin* nur theilweise entziffert worden. Die von mir ergänzten Worte habe ich in Klammern eingefügt.

[14] Die Urkunde giebt einen interessanten Beleg dafür, dass auch bei privaten Rechtshandlungen die freie Stellvertretung von Volksrechts wegen ausgeschlossen war, und die Stellvertretung (abgesehen von dem Fall echter Noth) eines königlichen Privilegs bedurfte. Vgl. über die analogen Rechtssätze des Processrechts den lichtvollen Aufsatz von *Brunner*, Die Zulässigkeit der Anwaltschaft im französischen, normannischen und englischen Recht des Mittelalters, in *Bernhöft* und *Cohn*, Zeitschrift f. vergleichende Rechtswissenschaft, Bd. 1 (1879).

in donatione earumdem rerum continetur, ad usus — fratrum et habitationem ipsorum monachorum, qualiter eis ordinandum placuerit, tam simul si necesse fuerit ad habitandum, quam etiam pars ejusdem congregationis quibuslibet placuerit sustentandum. (Ad) res recipiendas missi fuere ex eadem congregatione jamdicti Filiberti — Joseph videlicet sacerdos et monachus, et Autrichus sacerdos et monachus, atque Archanbaldus monachus.

Quibus praefatus Rainaldus abba in advocatione praefati Viviani comitis easdem res per terram et herbam, per hostium et axadorium vel signum ecclesiae ejusdem loci sitae partibus eorumdem fratrum ad ordinandum vel disponendum, vel quicquid boni vel religionis sicut elegerint faciendum de omnibus rebus ad eundem locum aspicientibus, sicut (supra) dictum est in donatione earumdem rerum adscriptum vel adsignatum esse videtur, quicquid elegerint deinceps libero et firmissimo in omnibus perfruantur arbitrio.

Idem (Rainaldus abba in advocatione) germani sui Viviani comitis secundum legis ordinem per fistucam de omnibus supradictis rebus se exi(tum) facit et partibus fratrum — perpetualiter tradidit ad possidendum, his praesentibus.

S. Rainaldi abbatis per jussionem domini Karoli (regis) in advocatione germani sui Viviani comitis ad congregatione S. Fibiliberti consignavi et subscripsi et viros venerabilibus adfirmare rogavi —. S. Isaac. S. Adalgaudus etc. Data in anno 6 regnante Karolo glorioso rege, sub die 6 mense Januarii, in pago Andegavo, in monasteriolo quod vocatur Cunaldus. Ego Adalgaudus scripsi.

Hier haben wir einen Normalfall voller, feierlicher realer Investitur vor uns mit den beiden Bestandtheilen des auf dem Grundstück vollzogenen Apprehensions- und Auflassungsaktes.

Die bisher geschilderte reale Investitur ist die *investitura legalis*[15], die „echte", rechtmässige, d. h. die nach dem altüberlieferten Volksrecht allein zulässige Art der Investitur.

Dennoch hat sich neben der realen Investitur eine zweite Art der Investitur herausgebildet, welche wir als die symbolische Investitur bezeichnen wollen, und welche im Lauf der Entwickelung die alte reale Investitur vollkommen verdrängt hat.

Die symbolische Investitur erfolgt ausserhalb des Grundstücks. Sie ist auf dem Boden des salisch-fränkischen Rechts, welches wir hier zu Grunde legen, weil es die gemeinen Rechtsgewohnheiten des spätern mittelalterlichen Rechts in Deutschland wie in Frankreich bestimmt hat, zunächst (und hier lag das dringendste Bedürfniss vor) für die Investitur im Process ausgebildet worden. Im königsgerichtlichen Verfahren musste der im Streit über unbewegliches Gut unterliegende Beklagte sofort restituiren: durch Vornahme der feierlichen Auflassungshandlung *(per festucam se exitum dicere)* ledigte er sich des Besitzes und

---

[15] Vgl. Urk. von 858 bei *Baluze*, Capit. II, p. 1467: der geständige Beklagte (Graf von Vienne) *praesentaliter per suum wadium ipsi A. archiepiscopo vel suo advocato propriis manibus reddidit, et suum missum F. nomine in sua advocatione dedit W. advocato praefati episcopi, ut super ipsas res, quas ipse reddidit* (das *per wadium reddere* ist das Versprechen der Restitution mit Strafclausel, Eheschliessung, S. 45 Note) *veniret et legalem vestituram in omnibus faceret.* — Urk. von 870 bei *Deloche*, Cartulaire de Beaulieu, p. 55: *et sic fidejussores dedit* (der geständige Beklagte), *ut die constituto, quod est 5. idus Augusti, super ipsas res veniret et manibus suisipsum abbatem G. legaliter revestiret.* — So verstehe ich auch die Urk. Ludwig's d. Fr. von 835 (*Sickel*, Regesten der Karol., Nr. 335): das von König Pippin dem Kloster Fleury geschenkte Gut war theilweise von dem Vasallen Gislehar *jure beneficario* in Besitz genommen, *postquam legitima traditio atque vestitura de eadem villa cum omnibus ad se pertinentibus — ad partem monasterii S. Benedicti facta fuerat.*

setzte den Kläger in den Besitz ein[16]. Seit dem Ende des 8. Jahrhunderts können wir dieselbe Form auch im volksgerichtlichen Verfahren nachweisen[17]. Ausserhalb des Processes aber galt bis in das 9. Jahrhundert die nicht-reale Investitur als unzulässig, d. h. für keine Investitur[18], so dass das bekannte Capitular von 817 c. 6 (Pertz I, p. 211) als Mittel für die Sicherstellung einer fern vom Grundstück *(extra comitatum)* vollzogenen *traditio* (Schenkung oder sonstigen Veräusserung) nicht die symbolische Investitur kennt, sondern nur die Bestellung von Bürgen für die Investitur, d. h. für die reale Investitur, welche als die einzige Art der Investitur gedacht wird *(fidejussores vestiturae donet, qui ei qui illam traditionem accipit, vestituram faciat. Insuper et ipse per se fidemjussionem faciat ejusdem vestiturae, ne heredi ulla occasio remaneat hanc traditionem immutandi*[19]*)*. Während der fränkischen Periode ergab sich daher im Gebiet des salischen Rechts, wenn aus irgend einem Grund, eine symbolische Investitur als wünschenswerth erschien, die Nothwendigkeit des

16 Vgl. die merovingischen Processurkunden, *Pertz*, Dipl. I, M. 35 (a. 658). 73 (a. 709. Scheinprocess). A. 16. 18. 21. 22 (a. 746—750). Eheschliessung, S. 84.

17 *Vaissette*, Histoire de Languedoc, 2. édit., 1840, II., Nr. 5 (a. 781): *Nos — judices — ordinavimus Milone comite* (der unterliegende Beklagte), *ut de ipsas villas se exigere* (d. h. *exire*) *fecisset, et — Danielo archiepiscopo* (den Kläger) *per suum sajonem revestire fecisset, sicut et fecit.* Die „Revestitur" durch den *sajo* (nur durch den Gerichtsbüttel des Grafen) verstehe ich von einer formlosen Einweisung.

18 Dagegen war nach alamannischem, bairischem, westgothischem und vielleicht auch nach burgundischem Recht schon früher eine der Investitur gleichwirkende Vollziehung des Veräusserungswillens durch Uebergabe der carta *(ponere super altare)* möglich; vgl. *Brunner* in Goldschmidt's Zeitschrift f. Handelsrecht, Bd. XXII, S. 535 fg. und *Brunner*, Carta und Notitia (Festgaben für Mommsen, 1877), S. 11. 12. Ueber das ribuarische Recht vgl. unten Note 20.

19 Die Auslegung, welche *Löning*, Gesch. d. deutschen Kirchenrechts, Bd. II (1878), S. 754 von dieser Stelle giebt, als ob dieselbe von der Rechtsverbindlichkeit einer einseitigen Willenserklärung (einer nicht acceptirten Schenkung) handelte, kann ich nicht für richtig halten. Es ist ausdrücklich von dem *qui traditionem accipit* und von dem Bürgschaftsvertrag mit ihm die Rede.

Scheinprocesses[20]. Erst seit etwa der Mitte des 9. Jahrhunderts ward auch die ausserprocessualische symbolische Investitur gebräuchlich und anerkannt. Dieselbe weist zunächst gewöhnlich die beiden Bestandtheile der realen Investiturhandlung auf: den Apprehensionsakt und den Auflassungsakt, während, wie bemerkt, die processuale symbolische Investitur sich auf den Auflassungsakt zu beschränken pflegte[21]. Der Auflassungsakt wird auch hier

---

[20] Ein Beispiel oben Note 16, dazu *Brunner*, Gerichtszeugniss, S. 161. 162. — Dagegen lässt das alte ribuarische Recht eine symbolische Investitur zwar gleichfalls nur im Gericht, aber ohne Scheinprocess zu, wie *Brunner* bei Goldschmidt, Bd. XXII, S. 538 und Carta und Not., S. 11 aus Rib. 59, 1 erschlossen hat, vgl. jedoch unten Note 30. Entscheidend für seine Ansicht ist, dass über den gerichtlichen Akt eine carta (*testamentum*) aufgenommen wird, während im Fall eines Scheinprocesses wie im Fall des wirklichen Processes nur eine *notitia judicati* ausgestellt werden konnte. — Die Ausführung bei *Haiss*, Traditio und Investitura, (1876), S. 154 fg. über Rib. 59, 1, ruht lediglich auf einem Druckfehler, der sich in einigen Exemplaren der Walter'schen Ausgabe (in seinem *Corpus Juris germanici*) findet.

[21] Das per wadium reddere oder revestire, welches häufig im Process neben der Auflassungshandlung steht, ist wenigstens für die ältere Zeit nicht als symbolische Investitur, sondern als Versprechen der Strafe für den unrechtmässigen Besitz aufzufassen. Eheschliess., S. 45 Note. So verstehe ich auch *Pérard*, Recueil, p. 33 (a. 756): *judicatum quod A.* (der unterliegende Beklagte) *ipsas res secundum legem per suum wadium ipsius Nivelongo* (dem Kläger) *revestire deberet* (ohne Auflassung, d. h. ohne symbolische Investitur!). Seit dem 9. Jahrhundert aber begegnet man dem Ausdruck *wadium* bei der ausserprocessualischen symbolischen Investitur auch für das „Unterpfand", welches das Grundstück repräsentirt, also (hier im Gegensatz zur *festuca*) für das Symbol des Apprehensionsaktes. Ein Beispiel giebt die gleich unten (S. 94) citirte Urkunde aus Pérard vom Jahr 882. Dagegen verstehe ich in der Urkunde Pérard, p. 25: *sicut per instrumenta cartarum vobis tradidi* (die voraufgehende Urkunde über die Schenkung, Pérard, p. 22, a. 840 ist gemeint) et *per guadium et andalugum seu per istos breves* (das *breve* über die symbolische Investitur, p. 23) *commemoratum habeo*, das *wadium* von der festuca als Auflassungssymbol; der „Andelang" (Handschuh? *Heusler*, Gewere, S. 21) ist Apprehensionssymbol. Die stehende Formel bei Lindenbrog lautet: *per hanc chartulam traditionis, sine per festucam atque andelangum* (Lind., 18. 55. 57. 58. 75. 82. 127. 152; Roz. 200. 118. 172. 228. 242. 273. 159), während es Lind., 183 (Roz., 391) abwechselnd heisst: *per meos wadros* (d. h. *wadios*) *andelangosve*. — Auch in der Bretagne erscheint, wie die Urkunden des Klosters Redon zeigen, der Handschuh (ebenfalls hier regelmässig allein, ohne festuca) als ein gebräuchliches Mittel der symbolischen Investitur. Der älteste Fall v. J. 832—835 bei *de Courson*, Cartulaire

durch das Werfen der *festuca (per festucam se exitum dicere)* vollzogen. Für den Apprehensionsakt ist die Uebergabe eines *ramus cum cespite* (*waso*, Torf) in weitverbreitetem Gebrauche. Die Handlung mit der Thürschwelle und dem Glockenseil war jedoch bei der symbolischen Investitur selbstverständlich ausgeschlossen, weil sie fern von dem Grundstück erfolgte. Es verstand sich ebenso von selbst, dass das überreichte Stück Erde bald in den meisten Fällen dieser Art nicht mehr dem betreffenden Grundstück selbst entstammte[22], sondern anderswoher entnommen war. Damit hängt die Verflüchtigung der Apprehensionssymbole bei der symbolischen Investitur zusammen. Häufig werden neben dem „Torf" andere Sachen, ein Messer, ein

---

de Redon, Nr. 165, ebenso Nr. 68. 70. 79. 83. 92. 145. 155. 221. 236 (a. 851—875). Daneben symbolische Investitur *per suam crucem, quae de collo ejus pendebat* ebendas. Append., Nr. 26 (vor 848) und *per cespitem* Nr. 99, 142, 243, Append. Nr. 29 (a. 851—875). — Aus diesen Zeugnissen kann zugleich das Alter der symbolischen Investitur (für das salisch-fränkische Recht) erschlossen werden. Die Urkunde bei Pérard v. J. 840 („*per guadium et andelugum*") betrifft eine symbolische Inverstitur (vgl. das *breve* auf p. 23: *intèr majus altare et — Benedicti corpus tradidit.*) Die älteste der citirten Urkunden aus der Bretagne ist vom Jahre 832—835. Die Lindenbrogischen Formeln müssen ungefähr derselben Zeit angehören. Da das Capitular von 817 (oben S. 91) noch keine symbolische Investitur kennt, da ferner alle fränkischen Formelsammlungen (mit einziger Ausnahme der Lindenbrogischen) noch keine symbolische Investitur haben, da endlich noch die um 818 verfassten Formeln von Sens (der sog. Appendix Marculfi) und auch die Lindenbrogischen Formeln noch Formeln für die (mit der Vorherrschaft der symbolischen Investitur verschwindende) reale Investitur haben (oben Note 12), so muss die symbolische Investitur etwa in der Zeit von 820—830 aufgekommen und bald allgemein üblich geworden sein. — Ueber die Urkunden bei *Dronke*, s. unten §. 3 Note 41. — Die Urkunde bei *Grandidier*, Hist. de l'église de Strasbourg, II, p. 130, wo eine symbolische Investitur *per cultellum* mit *per festucam se exitum dicere* schon für das Jahr 778 bezeugt wäre, halte ich mit *Rettberg*, Kirchengeschichte, Bd. II, S. 70 (gegen *Löning*, Gesch. d. Kirchenr., Bd. II, S. 664, Note 2) für unächt.

22 Doch hielt man zunächst darauf, Cartul. de Redon, Nr. 99 (a. 866): *cespitem de illa terra super altare S. S. (posuit).* Nr. 142 (a. 867): *per cespitem de ipsa terra.* Daher ward der „Torf" häufig zum Zweck der symbolischen Investitur geschickt, Nr. 243 (a. 875): *transmisit cespitem per fidelem suum — super altare S. Salvatoris.* Appendix, Nr. 29 (a. 851—857): *mittens cespitem super altare S. S.*

Handschuh, ein Buch, ein Stab, ein Stein, ein Hufnagel, eine Mütze u. dgl. übergeben. Neben diesen anderen Gegenständen kann der *ramus cum cespite* ganz verschwinden, so dass der Apprehensionsakt der symbolischen Investitur später durch die Entgegennahme irgend einer beliebigen Sache (*„corporeum quodlibet“*) vollzogen werden kann.

Belege für solche symbolische Investitur sind bekanntlich ungemein häufig[23]. Ich beschränke mich auf zwei Beispiele:

Pérard, Recueil de pièces serv. à l'hist. de Bourgogne (Paris 1664), p. 57 (a. 882): Aroardus und Frau veräussern *pratum unum* an den heil. Stephan *propter leodo componendo de Archenrado servo S. Stephani.* Die Unterschrift lautet: *S. Aroardus et Fushildis qui*

---

23 Man vgl. z. B. *Grimm*, Rechtsalterth., S. 112 fg., 124 fg., 148 fg., 170. 174 fg., 181. 196 fg. *Stobbe*, Die Auflassung in Ihering's Jahrb., Bd. XII, S. 146, *Heusler*, Gewere, S. 21 fg., 289 fg. *Brunner* in Goldschmidt's Zeitschr., Bd. XXII S. 526 fg. Carta u. Notit., S. 11, Note 27. *de Courson*, Cartulaire de Redon, p. CCLVI suiv. *Tomaschek*, Ueber die ältere Rechtsentwickelung der Stadt und des Bisthums Trient, Wiener Sitzungsber., Bd. 33, S. 337, 348 u. s. w., auch die vorige Note 21. — Es mag gestattet sein, hinzuzufügen: *Baluze*, Hist. Tutelensis (Paris 1717): Urk. aus dem Chatular von Tulle v. J. 1106: Process um eine Kirche (2 Klöster sind die Partheien); es wird behauptet, dass das streitige Grundstück *alodus esset comitis de Marca. Exivit ergo Petrus — monachus S. Martini Tutelensis de placito, et invenit Oddonem comitem de Marca, narratisque omnibus, pro quibus erat placitum, petivit ab eo alodum de eadem ecclesia. Qui concessit ei eundem alodum et dedit illum Deo et S. Martino cum clavello equino, quem tenebat in manu sua — audiente G. milite, qui cum comite loquebatur. Cumque reveteretur Petrus — dixit E. vicecomiti quod Oddo comes alodum ecclesiae dedisset Deo et S. Martino Tutelensi ostendens ei clavellum, quem comes dederat sibi. In praedicto ergo placito laudata fuit eadem ecclesia S. Martino, audientibus omnibus qui erant in concilio.* — *Quantin*, Cartulaire de l'Yonne, I, Nr. 162 (a. 1130): — *conventio facta est, ut Adam (miles) praedictam tertiam partem decimae Fontismensibus fratribus relinqueret vel donaret, episcopus vero ei* — 30 *sol. daret. Tunc Adam de equo suo descendens et accepto uno ex lapidibus in via jacentibus dedit in manum episcopi in signum et confirmationem hujus relictionis, sub praesentia horum testium.* — *Deinde ipsum lapidem ad Fontismense monasterium Adam ipse afferens, obtulit super altare.* — In diesen beiden Fällen, wie auch sonst, eine symbolische Investitur durch blossen Apprehensionsakt, was jedoch für das Landrecht als Ausnahme zu betrachten ist (§. 4).

ad ipsa casa Dei pro (d. h. *per*) *wadio et wasono et pro ipsa epistola tradiderunt d. Argaudo et Davido* (Propst und Dechant von St. Stephan) *manu vestita fecerunt, et qualiter illorum lex fuit, per pilos vel festucas wipaverunt* (d. h. *wirpiverunt*) *et se in omnibus exitum dixerunt et fuerunt, his praesentibus* (5 Zeugen).

Mabillon de re dipl. p. 542 (a. 870): *Sisenandus ex genere Francorum* verkauft Grundstücke an Kaiser Ludwig II. — *vendo, trado et mancipo* — *et juxta legem meam per cultellum et festucam notatam seu guasonem terrae vobis exinde ad vestram partem corporalem facio vestituram ad vestram proprietatem habendam, et me exinde foris expuli et absasito feci* — *a praesenti die* — *et nihil mihi infra ipsa cohaerentia aliquid reservasse professus sum, sed dico me meosque omnes exin a praesenti quod foris essëmus* — verspricht Busse für den Fall der Anfechtung —. *Dixi et pergamena cum atramentario de terra elevans notario domini Imperatoris tradidi et scribere rogavi*[24], *in qua subter confirmans testibusque obtuli roborandum. Actum in villa quae dicitur Vico, ubi ipse Augustus praeerat feliciter.*

Die Veräusserung nebst der Investitur erfolgt also in *villa Vico*, wo der Kaiser gerade anwesend war, während die veräusserten Grundstücke *in loco qui di-*

---

[24] Ich theile auch den Schluss der Urkunde mit, weil er deutlich beweist, dass die Begebung der Urkunde hier wie in den meisten andern Fällen erst erfolgt, nachdem die symbolische Investitur bereits vollzogen war, dass also die Urkunde über das Veräusserungsgeschäft (für die Regel) nicht als Investitursymbol gebraucht wurde, worüber noch weiter unten. Zugleich beweist die Urkunde, was *Brunner*, Carta und Notitia, S. 10, Note 25 bestreitet, dass die Begebung der Urkunde (genauer des Urkundenmaterials) zunächst an den Notar erfolgte. Die Begebung der Urkunde erfolgt durch den Notar an die Gegenparthei (Rechtshandlung durch einen Dritten) und folgt daraus die Haftung des Notars für das Rechtsgeschäft.

citur Casaurus gelegen sind, so dass also klar ist, dass es sich trotz des Ausdrucks „*corporalis investitura*“ nicht um die reale, sondern nur um symbolische Investitur handelt.

Beide Urkunden weisen auch für die symbolische, ausserhalb des Grundstücks vorgenommene Investitur genau den vollen Formalismus der realen Investitur, den feierlichen Apprehensionsakt und den feierlichen Auflassungsakt, auf.

§. 2.

DIE SYMBOLISCHE INVESTITUR UND DER EIGENTHUMSERWERB.

Welches war die Bedeutung der symbolischen Investitur?

Die Investitur des alten Rechts, welche, wie bemerkt, nur als reale Investitur möglich war, hatte eine doppelte Wirkung: eine Wirkung für den Eigenthumserwerb, und eine Wirkung für den Besitzerwerb.

Für den Eigenthumserwerb am Grundstück forderte das alte Recht zwei Akte: Sale und Gewere, *traditio* und *investitura*[25].

Die Sale (*sala*, *salunga*) ist der solenne Vertragsschluss (vor Zeugen gewöhnlich mit Errichtung und Begebung einer Urkunde, *carta*) über den Uebergang des Eigenthums,

---

25 Die lateinischen Ausdrücke *traditio* und *investitura* werden indessen von den Quellen durchaus nicht in dem scharfen Gegensatz gebraucht, den die heutige Literatur vorauszusetzen pflegt. Als *traditio* wird nicht blos das Rechtsgeschäft, sondern sehr häufig auch die Investitur bezeichnet, wie schon aus den im Vorigen angezogenen Belegen zur Genüge hervorgeht. Weitere Belege für die Bezeichnung der Investitur als *traditio* bei *Heusler*, Gewere, S. 19. Das Investiturbreve wird daher technisch *traditioria* oder *notitia traditionis* (*Rozière*, 286—289, oben S. 87) genannt. Es kann daher immer nur aus dem Zusammenhang erkannt werden, ob mit *traditio* im einzelnen Fall die Sale (so z. B. in dem citirten Capitular von 817, oder in den Schenkungsurkunden, welche als *traditio* überschrieben sind) oder die Gewere gemeint sind. Dagegen wird *investitura* nur für den Akt der Besitzübertragung, nicht für das Rechtsgeschäft als solches gebraucht.

also der solenne Abschluss des Kaufvertrags, des Schenkungsvertrags u. s. w. Die Investitur *(giwerida)* ist die darauf folgende Besitzübertragung. Die Sale ist die Erklärung des Veräusserungsconsenses, die Investitur seine Vollstreckung. Gebrauchen wir die römischen Kategorien, so ist die Sale der Contrakt und die Investitur die Tradition. Die blosse Erklärung des Veräusserungswillens hat nach dem spätern, uns geläufigen und von uns recipirten römischen Recht, nur obligatorische, nicht dingliche Wirkung. Anders nach deutschem Recht. Der solenne Abschluss des Kauf-, Schenkungsvertrags u. s. w. (die Sale, römisch: der Contrakt) ist nach deutschem Recht das allein rechtlich relevante Rechtsgeschäft der Eigenthumsübertragung. Die Investitur ist nur Besitzübertragung, nicht Veräusserungsgeschäft. Aus diesem Grunde wird über die Investitur durchweg nur eine *notitia* oder ein *breve*, d. h. eine Zeugnissurkunde, nicht aber eine *carta*, d. h. nicht eine Dispositivurkunde aufgenommen[26]. Die Investi-

---

26 Ueber den Gegensatz von *carta* und *notitia* vgl. jetzt die Ausführung von *Brunner* in dem schon mehrmals citirten Aufsatz über Carta und Notitia (in den Festgaben für Mommsen 1877), durch welchen die früher (Eheschliessung, S. 81. 82) von mir geäusserte Ansicht über diesen Gegensatz theilweise berichtigt ist. Dagegen kann ich seine die Investitur betreffende Gegenbemerkung ebendas., S. 6, Note 8 nicht für treffend erachten. Aus der Thatsache, dass über die Investitur nur Breven aufgenommen wurden, folgere ich keineswegs ihre „rechtliche Unerheblichkeit" (wurden ja doch über gerichtliche Urtheile, also über höchst erhebliche Akte, nur Breven ausgestellt!), sondern lediglich, dass die Investitur kein Rechtsgeschäft im juristischen Sinne des Worts war, d. h. keine Disposition, keine Erklärungshandlung für einen rechtlich relevanten Willen, sondern nur Vollziehung eines bereits erklärten Willens. Gewiss hätte ferner auch über Kauf und Tausch eine *notitia* aufgenommen werden können. Aber ich operire nicht mit der Thatsache, dass über Kauf und Tausch nur eine *carta* hätte aufgenommen werden können, sondern umgekehrt mit der andern, dass für den Investiturakt nur ein *breve* möglich war. Niemals ist die alte reale Investitur (wenn sie überhaupt beurkundet wurde) durch *carta* beurkundet worden, und sie konnte es nicht (so ist meine Argumentation), weil die *carta* Dispositivurkunde, Mittel für den Abschluss eines Rechtsgeschäfts, die Investitur aber (darin dem gerichtlichen Urtheil gleich) kein Rechtsgeschäft war.

tur ist keine Disposition und kein Rechtsgeschäft. Sie ist keine Willenserklärungs-, sondern lediglich Willensvollziehungshandlung, Vollziehung des Willens, der in der voraufgehenden Sale bereits rechtsverbindlich erklärt war. Die Sale (der blosse Vertragsschluss über den Eigenthumsübergang) ist die einzige Disposition, das einzige veräussernde Rechtsgeschäft. Aus demselben Grunde ward überhaupt eine *notitia* über die Investitur nur ausnahmsweise aufgenommen, und kommt es daher, dass wir zwar unzählig viele Kauf- und Schenkungsurkunden, aber so wenig Investiturbreven aus der alten Zeit besitzen. Man hielt es offenbar nicht der Mühe werth, auch wenn ein Investiturbreve aufgenommen war, dasselbe, gleich der Schenkungs- oder Kaufurkunde, für die Ewigkeit aufzubewahren. Konnte die Gewere nach einiger Zeit (etwa nach 30 Jahren) anderweitig als durch Zurückgehen auf den Investiturakt bewiesen werden, so legte man auf ein schriftliches Zeugniss über die Investitur keinen Werth mehr, während die Vertragsurkunde über die Schenkung oder den Kauf immer noch nothwendig war, um den Rechtsgrund des Besitzes darzuthun. Die Investitur ergiebt den Moment des Besitzerwerbes, nicht aber seine Rechtmässigkeit.

Dennoch ist die Investitur für den Erwerb des Eigenthums am Grundstück von erheblicher rechtlicher Bedeutung.

Vor geschehener Investitur ist der bis dahin nur erklärte, nicht aber vollzogene Vertragswille (die Sale) ohne dingliche Wirkung, d. h. ohne Wirkung gegen Dritte. Diese Thatsache wird dadurch erwiesen, dass bei mehrmaliger Veräusserung desselben Grundstücks nicht die Priorität der Sale, sondern die Priorität der Gewere entscheidet.[27] Der blosse Vertragsschluss hat keine dingliche

---

[27] Die entgegengesetzte Ansicht, welche früher in Anschluss an *Laband* und

Kraft, d. h. er gewährt noch nicht das Eigenthum. Daher bezeichnet die Investitur zugleich den Moment des Besitzerwerbes und den Moment des Eigenthumserwerbes. Aber die Investitur ist trotzdem nicht der Grund des Eigenthumserwerbes am Grundstück. Die Investitur als solche trägt für den erlangten Besitz keine rechtfertigende Kraft in sich. Die rechtliche Legitimation des Besitzes ist auch nach geschehener Investitur nicht die Investitur, sondern der voraufgegangene Vertragsschluss. Die Gewere ist nicht *causa efficiens*, sondern nur *conditio sine qua non* für den Eigenthumserwerb. So gelangen wir zu dem Resultat, dass der Vertragsschluss (Sale) den Grund des Eigenthumserwerbes darstellt, die Investitur aber den Moment desselben bezeichnet. Daraus ergiebt sich für das deutsche Recht der eigenthümliche Dualismus, welcher in neuester Zeit so lebhafte Debatten hervorgerufen hat und welcher so schwer in die heutigen Kategorien gefasst wird. Das deutsche Recht hat ein Eigenthumserwerbsgeschäft (die Sale, d. h. den Contraktsschluss, den blossen, nicht ausgeführten Vertragsschluss), welches dennoch nicht den präsenten Beginn des Eigenthums herbeiführt, und einen Besitzerwerbsakt (die Investitur), welcher den Beginn des Eigenthums bewirkt, aber ohne den Erwerbsgrund desselben darzustellen. Ich gebe also die früher[28] von mir vertretene Formulirung auf, dass der Vertragsschluss bereits ein unvollkommenes Eigenthum hervorbringe. Die rechtliche Vollkommenheit gehört zum Begriff des Eigen-

---

Heusler von mir vertreten wurde, ruhte auf Zeugnissen aus der Periode, in welcher mit der Sale bereits regelmässig symbolische Investitur verbunden war. Dagegen ergeben andere Zeugnisse bestimmt die Priorität der ältern Gewere. Dies hat *Brunner* in dem citirten Artikel der Jenaer Lit. Zeitung (oben Note 6) gezeigt. Ein weiterer Beleg bei *Löning*, Gesch. d. deutsch. Kirchenr., Bd. II, S. 662, Note 1. Vor allem aber überzeugt mich die spätere Entwickelungsgeschichte der Investitur, da nur von dem obigen Rechtssatz aus die Ausbildung der symbolischen Investitur verständlich wird.

[28] Vgl. zuletzt Trauung und Verlobung (1876), S. 139 fg.

thums[29]. Vor der Investitur noch kein Eigenthum, obgleich der Eigenthumserwerbsvertrag schon abgeschlossen ist.

Aus diesen Voraussetzungen ergiebt sich die fernere Geschichte der Investitur von selbst.

Was bedeutet die symbolische Investitur für den Eigenthumserwerb am Grundstück? Die Antwort ist durch das Vorige bereits gegeben. Die symbolische Investitur verfrüht den Moment des Eigenthumserwerbes. Das Eigenthum wird kraft desselben nicht erst im Augenblick der wirklichen realen Besitzergreifung, sondern bereits vorher erworben. Zu diesem Zweck ist die symbolische Investitur erfunden und in das Rechtsleben eingeführt worden. Es kann keinem Zweifel unterliegen, dass es nicht die Interessen des Besitzerwerbes als solche (denn dieselben waren, wie sich später ergeben wird, durch die blosse symbolische Investitur doch nur sehr ungenügend wahrgenommen), sondern die Interessen des Eigenthumserwerbes waren, welche das Bedürfniss nach symbolischer Investitur erzeugt, und derselben in die Rechtsgewohn-

---

29 So bemerkt treffend *Brunner* in der Jenaer Lit. Zeitung a. a. O. (dasselbe Argument trifft übrigens seine eigne, dort von ihm gegebene Formulirung, wonach der Kauf das Eigenthum relativ, gegenüber dem Veräusserer, nicht aber Dritten gegenüber hervorbringe). — Anders jedoch bei der Ehe. Die rechtlich unvollkommene Ehe, d. h. das *matrimonium*, welches *quoad vinculum* (Treuverhältniss), nicht aber *quoad torum et mensam* (Lebensgemeinschaft) besteht, ist ein ganz bestimmter Rechtsbegriff, der z. B. noch heute in dem Ehescheidungsrecht der katholischen Kirche lebendig ist, und der einst die Wirkung des Verlöbnisses (vor der Trauung) darstellte. Dass die deutsche Verlobung „der Rechtsgrund der Ehe" (Trauung, S. 140), ähnlich wie der Kauf der Rechtsgrund des Eigenthums, und dass der deutsche Ehevertrag nicht in der Trauung (welche der Investitur gleichsteht), sondern in der Verlobung zu suchen ist, dass also die deutsche Verlobung jedenfalls in diesem Sinne „ein wesentlicher Eheschliessungsakt", „der rechtlich nothwendige Formalakt der Eheschliessung" (*Brunner*, a. a. O.) war, kann nunmehr als festgestellt gelten, wenngleich die Frage, ob der Beginn der Ehe, wie ich behauptet habe, mit dem Moment zusammenfällt, wo der Ehevertrag, die rechtlich bindende Willenserklärung, perfect geworden (d. h. die Verlobung geschlossen ist), noch unter Controverse steht; vgl. neuerdings *Löning*, Gesch. d. Kirchenr., Bd. II, S. 577 fg.; *Habicht*, Die altdeutsche Verlobung (1879).

heiten Eingang verschafft haben. Weil der Besitzerwerb Voraussetzung des Eigenthumserwerbes war, ward der symbolische Besitzerwerb ausgebildet.

Aus diesem Grunde ist die symbolische Investitur eine Verbindung mit der Sale eingegangen. Wenn wir von den Fällen der symbolischen Investitur im Process absehen, so wird durchweg die symbolische Investitur in unmittelbarem Anschluss an das Veräusserungsgeschäft (den Kauf, die Schenkung) vollzogen. Diese Verbindung der symbolischen Investitur mit der Sale bildet seit dem Ende des 9. Jahrhunderts die immer ausnahmsloser werdende Regel. Aus diesem Grunde haben wir seit dem Ende des 9. Jahrhunderts so zahllose Beurkundungen der Investitursolennitäten (in den Urkunden über die Veräusserungsgeschäfte), während dieselben in der alten Zeit, wo die Sale zeitlich von der (realen) Investitur getrennt und nur die erstere durch *carta* beurkundet zu werden pflegte, die letztere meistens ohne schriftliche Aufzeichnung verlief, so selten sind. Aus demselben Grunde wird jetzt häufig (namentlich in Italien) der symbolische Investiturakt mit dem Errichtungsakt der Veräusserungsurkunde verbunden, ja, die Veräusserungsurkunde selber bisweilen zugleich als Investitursymbol gebraucht[30].

---

30 Die Ansicht, welche *Brunner* in der Jenaer Lit. Zeitung a. a. O. und namentlich bei *Goldschmidt*, Bd. XXII, S. 529 fg. (vgl. auch Carta und Not., S. 9—12) vertheidigt hat, dass „die rechtsförmliche Begebung der Veräusserungsurkunde ein Akt der symbolischen Investitur war" (*investitura per cartulam*), halte ich in dieser Allgemeinheit nicht für erwiesen. Zwar beweist das Cartularium Langobardicum (Nr. 2 fg.), und zwar gerade für die Veräusserungsgeschäfte eines Nichtlangobarden, insbesondere eines „Salichus", dass es Sitte war, die Investitursymbole (Messer, Handschuh, Torf u. s. w.) auf das Pergament zu legen und dieselben mit Pergament und Dintenfass von der Erde aufzuheben (*cartam levare*). Indem der Veräusserer das Pergament mit den Symbolen in der Hand hielt, sprach er die Worte, welche die rechtsförmliche Begebung der *carta* einleiteten. Dann erfolgte symbolische Investitur und *traditio cartulae*. Aber — und das ergeben die Urkunden — die symbolische Investitur erfolgte **nicht** durch „die rechtsförmliche Begebung der Veräusserungsurkunde" (*traditio cartae*), son-

Die Verbindung der symbolischen Investitur mit der Sale bewirkt, dass nunmehr sofort mit dem Veräusserungsvertrage (Kauf, Schenkung) Eigenthum erworben wird. Die Vereinigung von Sale und symbolischer Gewer hebt den alten Dualismus von Erwerbsgrund *(titulus)* und Zeitbestimmungsgrund *(modus acquirendi)* für den Eigenthumserwerb auf. Der mit symbolischer Investitur verbundene Veräusserungsvertrag ist beides zugleich: ist der Rechtsgrund und das Datum für den Erwerb des Eigenthums. Alle Rechtswirkungen des Eigenthums sind schon mit diesem Akt verbunden. Die nun noch nachfolgende thatsächliche Besitzergreifung kann dem Eigenthum wohl noch seine Ausübung, aber nicht mehr seine Entstehung geben.

---

dern vorher durch Ueberreichung der Investitursymbole (Messer u. s. w.) an den Empfänger. Dies ergeben gerade die von *Brunner* selber für seine Ansicht citirten Urkunden, soweit es sich um Urkunden fränkischen Rechts (von Franken ausgestellt) handelt. Z. B. Urk. v. J. 967, Codex dipl. Lang. I, col. 1222, Nr. 702 (*Brunner* bei Goldschmidt, S. 533): ein Salier veräussert — *insuper per cultellum, fistucum notatum, wantonem et wasonem terre atque ramum arboris tibi exinde coram testes legitimam facio tradicionem et vestituram et me exinde foras expulli, warpivi et ausacito feci.* — *Et bergamela cum atramentario dextra elevans D. notarius et judex sacri palatii tradedi et scribere rogavi.* Ebenso in den beiden fränkischrechtlichen Urkunden bei *Brunner*, S. 534, und in der Urk. oben Note 24 aus dem 9. Jahrhundert. Die symbolische Investitur (durch Messer u. s. w.) ist in dem Augenblick schon fertig, in welchem die *traditio cartulae* vollzogen wird. Es hängt damit zusammen, dass die Investitursymbole an den Erwerber, das Pergament aber an den Notar gegeben wird, wie auch durch die soeben mitgetheilte Urkunde bestätigt wird, vgl. oben Note 24. Im eigentlich fränkischen Rechtsgebiet finde ich die Urkunde als Investitursymbol nur ganz ausnahmsweise genannt, z. B. in der Urk. v. J. 882 oben S. 95, und zwar nur neben eigentlichen Investitursymbolen, ebenso im Cartul. de Redon, Nr. 142 (a. 867): *et posuerunt hanc donationem super altari S. Salvatoris per cartam et per cespitem de ipsa terra, coram R. abbate et monachis.* Auch in der Wendung der Lindenbrogischen Formeln: *per hanc chartulam traditionis sive per festucam atque andelangum trado* oder ähnlich (oben Note 21) steht die Urkunde, wenn sie gleichfalls als Investitursymbol gedacht ist, neben anderen Investitursymbolen, ganz ebenso wie bei der englischen *livery in deed*, auf welche *Brunner*, S. 539. 540 sich beruft, bei welcher ausser der Urkunde ein Thürring, oder Riegel, oder Baumast, oder

Jetzt ist zugleich der Irrthum klar, in welchem die bisher herrschende Lehre sich befunden hat. Man war von den spätern Quellen ausgegangen, wo die reichen Investitursymbole, welche die Erklärung des Veräusserungswillens begleiteten, das Auge des rechtshistorischen Forschers anzogen. Man fand in den Urkunden eine feierliche, mit Symbolen begleitete Erklärung des Veräusserungswillens, und daneben andere Zeugnisse über eine thatsächliche, durch ihre Solennitäten ausgezeichnete Besitzergreifung. Man erklärte den ersteren Akt für die *traditio* oder *sala*, das dinglich wirkende, Eigenthum übertragende Veräusserungsgeschäft des deutschen Rechts, den zweiten Akt für die Investitur. Jetzt ist klar, dass das, was die herrschende Lehre *traditio* oder *sala* genannt hat,

---

Zweig oder ein Stück Rasen überreicht wird, um die „*seisine and possession*" zu übertragen. Dass Rib., 59, 1 die symbolische Investitur (vgl. oben Note 20) durch die Uebergabe der Urkunde vollzogen wird, wie *Brunner*, Carta u. Not., S. 11 annimmt, bleibt wenigstens zweifelhaft. Ich halte für das fränkische Recht die Begebung der Urkunde als solche nicht für symbolische Investitur, und bin der Ansicht, dass die Rolle, welche die Uebergabe der Urkunde im Codex Cavensis (*Brunner*, S. 542 fg.) und überhaupt bei Veräusserungen eines langobardischen Veräusserers (z. B. die Urk. von 898 bei *Brunner*, S. 533) spielt, und ebenso die ähnlichen Erscheinungen des altalemannischen, bairischen, westgothischen Rechts (oben Note 18), auf eine Eigenthümlichkeit dieser Rechte im Gegensatz zum fränkischen Recht zurückgehen. Auch das angelsächsische Recht legt, mit den letztgenannten Rechten übereinstimmend, das entscheidende Gewicht auf die Uebergabe der Urkunde (*bôc*); erst durch die normannische Eroberung kamen die fränkischen Investitursymbole nach England, vgl. *Schmid*, Gesetze der Angelsachsen, 2. Aufl., Glossar s. v. bôc, S. 537). Nach fränkischem Recht hatte nur der König das Vorrecht, durch Uebergabe des *praeceptum* (der Königsurkunde) zugleich die Investitur zu vollziehen, vgl. *Beseler*, Erbverträge, Bd. I, S. 45. *Ficker*, Urkundenlehre, Bd. I, S. 110 fg. *Brunner*, S. 537. Er war in sofern (gegen *Brunner*) an das gemeine Recht nicht gebunden. Dasselbe Vorrecht ward später durch den hohen Adel in Anspruch genommen, z. B. in Italien, *Miller* in der Zeitschr. f. Rechtsgesch., Bd. XIII, S. 98, und ebenso im fränkischen Rechtsgebiet: die Grafen von Flandern veräusserten und investirten nur durch Uebergabe der Urkunde, *Warnkönig*, Flandrische Rechtsgesch., Bd. III, 1, S. 84. Die juristische Relevanz der Thatsache, dass der König (später der hohe Adel) demgemäss stets ohne Auflassung investirte, wird unten §. 4 erhellen.

vielmehr die im Vorigen in ihrer Entwickelung geschilderte Verbindung von *sala* und *investitura* war, die Verbindung nämlich des Veräusserungsgeschäfts mit der symbolischen Investitur[31]. Die Feierlichkeiten, welche man bisher für Feierlichkeiten der Sale anzusehen gewöhnt war, sind vielmehr Feierlichkeiten der Investitur, welche als Mittel der symbolischen Investitur der Sale hinzugefügt waren[32]. Die frühere Streitfrage, welche Symbole der Sale (d. h. der *traditio*) und welche Symbole der Investitur angehörten[32a], kann überhaupt gar nicht auf-

[31] Vgl. von älterer Literatur *Eichhorn*, R. G. §. 59[a]. *Albrecht*, Gewere, S. 64 und namentlich *Beseler*, Erbverträge, Bd. I, S. 23 fg., welcher die jetzt noch herrschende Lehre begründet hat. Von den Neueren vgl. statt Aller *Stobbe*, Die Auflassung, in *Ihering's* Jahrb., Bd. XII, S. 144 fg. Deutsch. Privatr., Bd. II, 1 (1875), S. 168 fg., wo es heisst: es „zerfiel die Uebertragung der Grundstücke regelmässig in zwei Akte: a) Unter Anwendung von Symbolen, welche entweder das Grundstück repräsentirten (ein Stück Rasen, ein Baumzweig) oder die Festigkeit des Willens andeuten sollten (*festuca*, *stipula*), erklärte der Veräusserer vor Zeugen — das Grundstück dem Erwerber übertragen zu wollen (*traditio*, *sala*). — b) Auf die *traditio* folgte die feierliche Einweisung in den Besitz (*vestitura*), indem der Veräusserer den Erwerber vor Zeugen unter symbolischen Formen auf das Gut führte und ihn Besitzhandlungen vornehmen liess." Dieser (mit symbolischer Investitur verbundenen!) *traditio* ward allerdings mit Unrecht von einigen Schriftstellern, wie *Häberlin* (Systematische Bearbeitung der Meichelbeckschen Urkunden, S. 199), *Sandhaas*, Germanist. Abhandl., S. 51 fg., *Gengler*, Deutsche Rechtsgesch., S. 347, *Rückert*, Untersuchungen zum deutsch. Sachenrechte, S. 72 fg., blos persönliche Wirkung zugeschrieben. — Auch bei *Heusler*, Gewere, S. 17 fg., 163 fg. findet sich noch kein klarer Gegensatz gegen die herkömmliche Meinung. Zwar wird eine Reihe von Investitursymbolen als ursprünglich der Sale nicht zukommend ausgeschieden (S. 22), aber auch die Sale oder *traditio* Heusler's, welche von ihm als das „Rechtsgeschäft" definirt und als blosser Vertragsschluss gedacht wird, ist trotzdem noch die mit symbolischer Investitur bereits verbundene *traditio* der alten Lehre, da *festuca*, Handschuh, Messer, welche *Heusler*, S. 21 als der *traditio* wesentlich denkt, ebenso Investitursymbole sind wie Rasen, Zweig u. s. w. — Sodann habe ich, Recht der Eheschliessung, S. 80 fg., die Sale als den Contrakt zur Investitur in Gegensatz gebracht und hat *Brunner*, bei *Goldschmidt*, Bd. XXII, S. 526 sich dieser Auffassung angeschlossen.

[32] Die *festuca* bedeutete also z. B. nicht, wie *Stobbe* (s. Note 31) annimmt, „die Festigkeit des Willens", sondern die Auflassung.

[32a] Vgl. z. B. *Sandhaas*, S. 41 fg.; *Heusler*, Gewere, S. 21. 22. — Dass auch der Handschuh, welcher gerade besonders früh als Mittel symbolischer In-

geworfen werden, weil beiderlei Symbole Investitursymbole, und aus diesem Grunde identisch sind. Es ist endlich klar, dass die Wirkung präsenter Eigenthumsübertragung, welche man bisher der Sale *(traditio)* als solcher im Gegensatz zur Investitur beilegte, vielmehr nicht der Sale als solcher, sondern nur der mit symbolischer Investitur verbundenen Sale zukam, dass also der Akt, welchen man Sale *(traditio)* nannte, und welchen man als eine blos solennisirte Erklärung des Veräusserungswillens ansah, nur deshalb die Wirkung sofortigen Eigenthumsüberganges hatte, weil er nicht blos Sale, sondern zugleich Investitur, nicht blos Erklärung, sondern zugleich (durch die Symbole) Vollziehung, thatsächliche Ausführung des Veräusserungswillens war. Was man für Form der *traditio* hielt, war in Wirklichkeit ein zweiter Rechtsakt: die mit der Sale verbundene Gewer[33]. So ist denn auch die Investitur in der bisher herrschenden Lehre nicht zu ihrem Recht gekommen. Sie erscheint in den früheren Darstellungen als ein ziemlich überflüssiger Akt, für den man (weil die volle Wirkung der Eigenthumsübertragung schon mit der Sale verbunden gedacht wurde) gewissermaassen einer Rechtfertigung und einer Erklärung bedurfte, zumal unsere Vorfahren ihn mit solchen Förmlichkeiten und sol-

---

vestitur vorkommt (vgl. die Urkunden von Redon, oben Note 21), als Investitursymbol, nicht aber, wie *Heusler* annimmt, als Contractssymbol aufzufassen ist, möge eine Urkunde bestätigen, welche zeigt, dass schon früh selbst der blosse Handschlag als Investitursymbol diente, *Pérard*, Recueil, p. 152 (a. 875): *convictus ab eis et ab aliis bonis hominibus reddidit et se exutum integrum dixit mansum — et pratum. — Signum Wandelfrido* (der vorhin gemeinte Beklagte) *qui manu vestem fecit. Signum S. advocati S. Benigni qui recepit.* Durch die Hand, welche gegeben und genommen wird („*recepit*"), wird hier zugleich der Apprehensionakt und daneben (anscheinend durch blosse Worte) der Auflassungsakt, d. h. die ganze Investitur („*vestis*") vollzogen.

33 Dass Investitursymbole später auf die Sale übergingen, bemerkt schon *Heusler*, Gewere, S. 22. 289 fg. Nach seiner Meinung war aber damit keine sachliche Aenderung, sondern nur eine „Aenderung des Sprachgebrauchs" gegeben.

chem äusserlichem Gewicht ausgestattet hatten[34]. Nun ergiebt sich aber aus dem Vorigen, dass in den Fällen, wo eine rechtsförmliche reale Investitur stattfand, eine Sale voraufgegangen war, welche nur Sale war, also ohne symbolische Investitur, dass also in diesen Fällen der Eigenthumserwerb erst an diese Investitur geknüpft war. Hatte dagegen (wie es später die Regel wurde) eine Sale mit sofortiger symbolischer Investitur stattgefunden, so fand die thatsächliche Besitzergreifung ohne Investiturfeierlichkeiten statt. Man begnügte sich dann mit einer formlosen Einweisung[35]. Indem die bisher herrschende Lehre also die mit symbolischer Investitur verbundene Sale als reine Sale *(traditio)* auffasste, und ihr nachfolgend eine feierliche reale Investitur voraussetzte, wurden zwei Akte als *traditio* und *investitura* zu einander in Beziehung gesetzt, welche niemals bestimmt waren, nach einander vorgenommen zu werden. Wo die solenne, reale Investitur stattfand, war nicht eine *traditio* in dem herkömmlichen Sinne (mit Investitursymbolen), sondern ein blosser Contrakt (Sale in dem oben festgestellten Sinn) voraufgegangen, und umgekehrt, wo eine *traditio* in dem herkömmlichen Sinn (mit Halm, Rasen u. s. w.) vollzogen war, gab es keine Investitur mehr, eben weil sie schon unmittelbar nach der Sale vollzogen worden war. Die symbolische Investitur ersetzte die Form der realen Investitur für den

---

34 Vgl. z. B. *Stobbe*, bei *Ihering*, Bd. XII, S. 162: Vortheile der Investitur „beständen nach verschiedenen Richtungen hin: fand die *traditio* fern vom Grundstück statt, so konnte möglicherweise ein Missverständniss darüber bestehen, welches Grundstück — übertragen werden sollte“, u. s. w. (Ebenso *Stobbe*, Privatr., Bd. II, S. 169.)

35 Dies ist aus dem späteren Land- und Lehnrecht bekannt genug, und wird auch für die fränkische Zeit durch Lex. Rib., 60, 1 (dazu *Brunner*, bei Goldschmidt, Bd. XXII, S. 538) unmittelbar bewiesen. Auf diesem Rechtssatz beruht der andere, dass dem symbolisch Investirten auch das eigenmächtige Apprehensionsrecht zuständig ist (unten §. 3), d. h. dass es für ihn genügt, irgend wie in den Besitz zu gelangen.

Besitz- und Eigenthumserwerb, und allein aus diesem Grunde ist die alte feierlich reale Investitur untergegangen[36], sobald die symbolische Investitur ausnahmslose Regel geworden war.

§. 3.

DIE SYMBOLISCHE INVESTITUR UND DIE GEWERE.

Die Wirkung der Investitur, und zwar insbesondere der symbolischen Investitur für den Besitzerwerb am Grundstück führt uns in die Lehre von der Gewere ein.

Die Gewere ist der juristische Besitz des deutschen Rechts. Dieser Satz mag zunächst als Resultat der von Laband[37] und Heusler geführten Untersuchung an die Spitze gestellt werden. Ein Unterschied der Gewere von der *possessio* besteht nicht etwa, wie bisher angenommen wird[38], rücksichtlich des *animus domini*. Auch der römische juristische Besitz fordert keinen *animus domini* (Willen, wie ein Eigenthümer zu besitzen), wie trotz der allgemein angenommenen entgegengesetzten Lehre unserer Pandektisten durch die Fälle des sogenannten abgeleiteten juristischen Besitzes bewiesen wird. Auch das römische Recht fordert nur den Willen, zu besitzen, d. h. den Willen, jeden Dritten von der Sache auszuschliessen. Dieser Wille fehlt dem Pächter, Depositar, Commodatar u. s. w.[38a], während er bei dem Faustpfandgläubiger, Sequester, Precaristen gerade so wie bei dem Eigenthümer

---

36 Diese Thatsache bemerkt schon *Beseler*, Erbvertr., Bd. I, S. 37, aber ohne sie zu erklären.

37 Die vermögensrechtlichen Klagen (1869), S. 158 fg.

38 Vgl. z. B. *Stobbe*, Privatr., Bd. II, S. 14.

38a Denn sie wollen zwar den *extraneus*, aber nicht den Verpächter, Deponenten, Commodanten u. s. w. von der Sache ausschliessen; ihr Wille ist dem Verpächter u. s. w. gegenüber ein blosser Sklavenwille (Werkzeugswille); sobald sie dem Verpächter gegenüber einen andern Willen annehmen, und auch ihn von der Sache ausschliessen, vollziehen sie damit die Dejection desselben

vorhanden ist. Ebenso bei der Gewere. Nur wer mit dem Besitzwillen, mit dem Willen, jeden Dritten (auch den Eigenthümer!) von der Sache auszuschliessen, besitzt, hat Gewere an der Sache *(corporis possessio)*, wie z. B. der Lehnsmann, Satzungsgläubiger, Leibzüchter, nicht der Amtmann oder Miethsmann, während dem blossen Nutzungswillen (entsprechend dem Willen des römischen Servitutberechtigten) höchstens eine Gewere am Recht *(juris possessio)* entsprechen kann. Ein Unterschied, der allerdings nicht übersehen werden darf, besteht nur darin, dass es eine Gewere im Rechtssinn nur an Grundstücken giebt. Wie die feierliche Investitur, welche der Gewere ihren Namen gegeben, so ist auch das Verhältniss der Gewere selbst dem Immobiliarsachenrecht eigenthümlich. An Mobilien giebt es keinen juristischen Besitz, der von der blossen Detention, dem factischen Gewahrsam, sich unterschiede. Erst die spätmittelalterliche Rechtssprache (14. und 15. Jahrhundert) spricht von einer „Gewere" auch an fahrender Habe, während noch der Sachsenspiegel für Mobilien nur ein „in Geweren" haben kennt. Die bewegliche Sache ist des deutschen juristischen Besitzes (ebenso wie des echten Eigenthums) unfähig, d. h. für die fahrende Habe ignorirt das deutsche Recht den *animus*.

Die Gewere am Grundstück fordert *corpus* und *animus*. Die reale Investitur giebt Beides. Was giebt die symbolische Investitur?

Auch die symbolische Investitur (Auflassung) stellt ein „in die Gewere lassen", ein Uebertragen der *corporalis possessio* dar.[39] Nur weil auch die symbolische Investitur

---

aus dem Besitz und werden selbst zum juristischen Besitzer. Ihr Wille ist in Bezug auf die Sache aus einem Sklavenwillen zu einem Herrenwillen, d. h. zum Besitzwillen, geworden. L. 18 D. *de vi* (43, 16).

39 Vgl. z. B. Die Urkunde oben S. 95, und Sachsensp., Bd. III, 82. §. 2 (dazu Eheschliess., S. 85, Note 25).

Gewere giebt, giebt sie in dem gleichen Augenblick das Eigenthum. Welcher Art ist das *corpus*, welches durch symbolische Investitur erworben wird?

Es scheint, dass eine einfache Gedankenreihe, welche uns bereits aus dem römischen Recht geläufig ist, das anscheinende Räthsel löst.

Die Vollziehung der symbolischen Investitur ist seitens des Veräusserers, des bisherigen juristischen Besitzers, wenn wir die römische Formel gebrauchen, ein *constitutum possessorium*. Er hat durch Vornahme der symbolischen Investiturhandlung den *animus domini* abgelegt (man denke an die Auflassungshandlung!), und er besitzt von diesem Augenblick nicht mehr für sich selbst, sondern für den Erwerber. Der Investirende wird im Moment der Investitur das Werkzeug für den Besitz des Investirten. Es geht ein Wechsel des juristischen Besitzes vor sich (ein Wechsel von *animus* und *corpus*!) ohne äusseren Detentionswechsel, durch blosse Aenderung des *animus*. Der Investirende steht von dem Augenblick der symbolischen Investitur zu dem Empfänger der symbolischen Investitur (dem nunmehrigen juristischen Besitzer) genau in demselben Verhältniss, wie der Miether, Commodatar, Depositar u. s. w. Er wird durch die Investitur ein Stellvertreter des Investirten im Besitz.[40]

Dadurch erklärt sich die Wirkung der symbolischen Investitur. Ihre Wirkung ist das Dejectionsrecht des Investirten gegen den Veräusserer. Er ist berechtigt, dem etwa widerstrebenden Veräusserer gegenüber sich selbst

---

40 Gerade so wird bereits von den Urkunden, sofern sie romanistische Bildung in sich aufgenommen haben, das Verhältniss formulirt. Man vgl. zwei Urkunden aus Trient bei *Ficker*, Forschungen zur Reichs- und Rechtsgeschichte Italiens, Bd. IV, Nr. 458 (a. 1269); 505 (a. 1317). In der erstern heisst es: *Petrus jure pignoris et nomine donationis propter nuptias investivit B. ejus sponsam — et per eam* (d. h. für sie) *se possidere constituit vel quasi.* Ebenso in der zweiten Urkunde: *investivit praedictam P. ejus sponsam — et pro ea et ejus nomine se possidere vel quasi manifestavit.*

durch Eigenmacht in den wirklichen Besitz zu setzen[41]. Die Dejection des in der Gewere Befindlichen ist Unrecht; die Dejection des Investitor aber ist nicht Unrecht, weil der Investirende sich durch diese Handlung dem Investirten gegenüber der Gewere geledigt hat. Die Dejection seitens des Investirten ist nicht Angriff auf einen fremden Besitz, sondern Vertheidigung des eignen Besitzes, sie ist Ausübung des *corpus*, welches der Investirte

---

41 Bekannt ist das Recht des investirten Vasallen, sich eigenmächtig des geliehenen Gutes zu unterwinden, falls der Lehnsherr die Einweisung weigert, vgl. *Homeyer*, Sachsensp., Bd. II, 2, S. 397. Dieser Rechtssatz ist eine blosse Anwendung des gleichen landrechtlichen Princips für den Fall geschehener symbolischer Investitur (Auflassung). Die *exfestucatio* gab nach dem Recht von Nordfrankreich und Belgien (in den *pays de nantissement*) das Recht, „sich ohne richterliche Hülfe in den Besitz zu setzen, wenn kein Anderer (d. h. kein Dritter als der Veräusserer) besass", *Warnkönig*, in der Zeitschr. f. deutsch. Recht, Bd. XIX, S. 221. 222. Ebenso ist die Wirkung der symbolischen Investitur in Italien das Recht *ejus auctoritate* (d. h. kraft seiner, des Investirten eigner Autorität, ohne Richter) *intrandi tenutam et corporalem possessionem*, s. die oben Note 40 cit. Urk. v. J. 1317. Die formelle Ermächtigung zu eigenmächtiger Ergreifung des Besitzes drückt daher die symbolische Investitur aus, vgl. die Urk. bei *Heusler*, Gewere, S. 4 a. E., S. 290. — Irrthümlich ist die bisherige Ansicht, dass das eigenmächtige Apprehensionsrecht eine Folge schon der Sale als solcher sei (vgl. z. B. *Stobbe*, bei *Ihering*, Bd. XII, S. 161). Dasselbe kann nur aus der Gewere hervorgehen. Die Clausel: „*absque ullius expectata traditione vel judicum consignatione*" soll Beschenkter den Besitz ergreifen können, findet sich daher nur, wo der Schenker schon bei seinen Lebzeiten als Precarist des Beschenkten besessen hat (z. B. Roz. 212—214), und nur einmal finde ich bei einer einfachen Schenkung in der alten Zeit (wo die symbolische Investitur noch nicht gemeines Rechtens war) das Recht sofortiger Besitzergreifung ausgedrückt, Roz. 147 (Marc., I, 14), im Fall einer Königsschenkung, wo kraft königlichen Vorrechts (oben Note 30) die Uebergabe des *praeceptum* bereits symbolische Investitur ist. — In den Urkunden bei *Dronke*, Nr. 88. 99. 101. 103. 123. 124, finde ich in der Wendung „*culmo connexam ad vestiendum et inducendum et roborandum*" und ähnlich nicht (wie z. B. *Stobbe*, a. a. O., *Beseler*, Erbvertr., Bd. I, S. 33) ein Recht der „Selbstinvestitur" eingeräumt (also keine symbolische Investitur), sondern die Bürgschaft (*fides facta*) für künftige Investitur, wie dadurch bewiesen wird, dass auf solche Urkunden die reale feierliche Investitur folgt, vgl. Nr. 124 cit. Daher wechselt mit dieser Wendung, die auch zu einem kurzen „*culmo subnixam*" (Nr. 130) zusammenschrumpfen kann, die bekannte Wendung „*stipulatione subnixa*", welche also hiernach für die Fuldaer Urkunden als Versprechen, die Investitur zu ertheilen, auszulegen wäre.

bereits durch die symbolische Investitur (Auflassung) erworben hat.

Es erhellt, dass die Gewere auf Grund symbolischer Investitur (Auflassung) nicht Recht ist (sie ist vielmehr von dem Eigenthum oder sonstigen Recht des Investirenden unabhängig, und nur davon abhängig, dass der Veräusserer im Besitz sei), dass sie also auch nicht ein „Recht zu besitzen", dass sie vielmehr Besitz ist, sie ist Besitz mit *animus* und *corpus*, sie ist Gewere am Grundstück im Sinne von „juristischem Besitz".

Der einheitliche Begriff von Gewere in dem von Laband und Heusler aufgestellten Sinn reicht aus, um die Gewere kraft symbolischer Investitur (Auflassung) mit zu begreifen.

Es kann hier nur angedeutet werden, dass auch die Gewere des Erben und des Dejicirten eine gleiche Lösung zulässt[42].

Aber das deutsche Recht unterscheidet sich dadurch von dem römischen, dass es dem *constitutum possessorium*, dem Besitzwechsel durch blossen Willenswechsel, nur relative Wirkung beilegt. Der Empfänger der symbolischen Investitur wird Besitzer und hat die Gewere nur gegen-

---

42 Für das Dejectionsrecht des Lehnserben (der dem Gedingsmann darin völlig gleich steht) vgl. *Homeyer*, Sachsensp., Bd. II, 2, S. 417. 454. Das Dejectionsrecht des Dejicirten gegen den Dejicienten folgt aus der Darstellung bei *Heusler*, Gewere, S. 269 fg. — Dass Lehnsherr und Dejicient nicht als Stellvertreter des Lehnserben und Dejicirten im Besitz angesehen werden können, versteht sich natürlich von selbst. Dennoch macht auch hier das diesen Personen gegenüber zuständige Dejectionsrecht ihr *corpus* relativ zu dem *corpus* des Erben oder des Dejicirten. Für den Erben des Landrechts bezweifle ich die Erbengewere als allgemeine Regel; hier wird in der Regel der bestimmte Dritte fehlen, dessen Besitz den Besitz des Erben vermittelt. In Nordfrankreich und England, wo die Erbengewere eine so grosse Rolle spielt, ist bekanntlich der Grundbesitz durchweg Lehnsbesitz. Ueber die Erbengewere vgl. neuerdings *Cosack*, der Besitz des Erben (Weimar 1877). — *Laband*, in der krit. Vierteljahrsschr., Bd. XV, S. 397—416 bestreitet bekanntlich wie die Gewere des Auflassungsempfängers, so auch die Gewere des Erben und des Dejicirten.

über seinem Veräusserer. Nur diesem gegenüber hat er das Recht der Eigenmacht[43], und darum nach deutscher Anschauung nur diesem gegenüber das *corpus.*[44] Sein *corpus* ist, solange es nicht in realer Nutzung zum Ausdruck gelangt, Dritten gegenüber nach deutschem Recht nicht sichtbar. Dritten gegenüber ist er nicht Besitzer und ist er ohne Gewere.

Den beiden Arten der Investitur entsprechen zwei Arten der Gewere (man kann sie eine reale und eine symbolische Gewere nennen), welche aber nur Modificationen desselben Thatbestandes sind. In beiden Fällen ist die Gewere Besitz, nicht Besitzrecht. In beiden Fällen hat der Inhaber der Gewere nicht blos den *animus*, sondern ebenso auch das *corpus possessionis*, die thatsächliche Herrschaft über das Grundstück. Aber die Schwäche seiner thatsächlichen Herrschaft im Fall des blossen Willenswechsels auf Seiten des bisherigen Besitzers (symbolische Investitur), überhaupt in den Fällen eines blossen Dejectionsrechts gegen einen bestimmten Besitzer, modificirt — nicht den Begriff, wohl aber die Wirkungen der Gewere.

Die symbolische Investitur hat für den Eigenthumserwerb dingliche, für den Erwerb der Gewere aber nur relative Wirkung.

§. 4.

INVESTITUR UND AUFLASSUNG.

Die symbolische Investitur ist in dem spätern Mittelalter (seit etwa dem 10. Jahrhundert) die einzige Art der Investitur geworden. Die alte reale Investitur ist untergegangen, da die Investiturfeierlichkeiten durchweg gleichzeitig mit der Erklärung des Veräusserungswillens oder doch vor der wirklichen Besitzergreifung vollzogen wurden,

---

43 Vgl. Ssp., Bd. III, 82, §. 2.

44 Die gleiche Relativität gilt für die beiden andern obengenannten Fälle.

und an Stelle der realen Investitur tritt die nunmehr formlos gewordene „Einweisung“, welche auch durch eigenmächtige Besitzergreifung des bereits symbolisch Investirten ersetzt werden kann.

Zugleich ist das Anwendungsgebiet der Investitur erweitert. Die reale Investitur des alten Rechts ist nur für Eigenthumsübertragung nachweisbar. Dagegen findet die symbolische Investitur auch auf die Zuwendung von Rechten an fremder Sache Anwendung. *Precaria* und *beneficium* kennen in der alten Zeit nur die Form einer schriftlichen Verleihungsurkunde. Bei der Leihe hat sich der Meierbrief *(libellus)* vielfach als die einzige Form der Rechtsbegründung erhalten, und das durch Investitur begründete Leiherecht trägt in Italien den technischen Namen „*investitura*“, im Gegensatz zu den andern Arten der Leihe *(emphyteosis, precaria, libellus)*[45]. Beim Lehn dagegen ist der Gebrauch der Investitur bekanntlich allgemein geworden, und die Willenseinigung beider Theile, der „Lehnscontrakt“, über welchen häufig der Lehnbrief (dem Meierbrief entsprechend) ausgestellt wird, tritt zu der Investitur des Vasallen in ein gleiches Verhältniss, wie es einst auf dem Gebiet des Eigenthums zwischen der Sale und der realen Investitur bestanden hatte.

Die Investitur zum Zweck einer Begründung des Lehnrechts (oder Leiherechts) scheint niemals reale Investitur gewesen, sondern erst mit der Ausbildung der symbolischen Investitur aufgekommen zu sein. Da die Belehnung später im Lehngericht vollzogen wird, so ist zweifellos, dass die Investitur des klassischen Lehnrechts (ebenso gleichzeitig des Leiherechts) nur symbolische Investitur war.

Diese symbolische Investitur des spätern Mittelalters, welche den Rechtserwerb an Grundstücken, sowohl auf dem

45 Vgl. die Summa Anselmini de Orto super contractibus emphyteosis et precarii et libelli atque investiture, ed. R. Jacobi. Wimariae, 1855, p. 13 sqq.

Gebiet des Landrechts wie auf dem Gebiet des Lehnrechts beherrscht, und welche, wie bemerkt, die einzige Art der Investitur geworden ist, hat sich nunmehr ihrerseits in zwei Arten gespalten. Die alte Investitur (auch die symbolische, sofern sie ausserhalb des Processes erfolgte) vereinigte für die Regel zwei Akte in sich: den Apprehensionsakt und den Auflassungsakt. Diese beiden Akte haben sich jetzt (wenigstens wenn wir die Regel ansehen) von einander getrennt. Es giebt zwei Arten der symbolischen Investitur: die eine besteht nur in dem Apprehensionsakt, die andere nur in dem Auflassungsakt.

Die symbolische Investitur durch blossen symbolischen Apprehensionsakt[46] besitzt die Vorherrschaft auf dem Gebiet des Lehnrechts und (soweit dort eine Investitur vorkommt) des Leiherechts. Die Investitur des Lehnrechts besteht bekanntlich nur in der Darreichung von einer *hasta vel aliud corporeum quodlibet* und der Ergreifung derselben durch den Erwerber[47]. Aehnlich bei der Investitur des Leiherechts[48]. Die Investitur des Vasallen (oder des Leihemanns) ist eine Investitur ohne Auflassung. Nicht mit Unrecht werden wir in dieser Abschwächung der Investiturform für die Investitur zu abgeleitetem Recht einen juristischen Gedanken ausgedrückt finden. Die Auflassung

---

46 Der Apprehensionsakt ist dadurch äusserlich von dem Auflassungakt unterschieden, dass das Apprehensionssymbol von dem Empfänger der Investitur genommen wird, während das Auflassungssymbol nicht genommen, sondern vom Veräusserer fortgeworfen wird.

47 II F. 2 Pr. *Investitura proprie dicitur possessio, abusivo autem modo dicitur investitura, quando hasta vel aliud corporeum quodlibet porrigitur a domino feudi, se investituram facere dicente.* Vgl. *Homeyer*, Sachsenspiegel, Bd. II. 2, S. 324. 325: Belehnung durch Uebergabe von Scepter, Fahne, Baumzweig, Mütze, Schlüssel, Handschuh, d. h. mit denselben Apprehensionssymbolen, die bei der landrechtlichen Investitur üblich waren.

48 Anselminus de Orto l. cit. p. 18. *investitura debet fieri per lignum vel aliud aliquid, quod in manu habeatur, cum homines in perpetuum terras suas locant aliis, quae si non fiat praedicto modo nullius momenti est contractus iste, qui vocatur investitura.*

ist, wie früher (S. 87) bereits ausgeführt wurde, der Akt, mit welchem die Investitur fertig ist, der Akt, durch welchen der Veräusserer sich definitiv von jedem Verhältniss zur Sache lossagt. Die Investitur ohne Auflassung ist eine unfertige Investitur. Indem der Herr den Vasallen zwar investirt, aber das Gut nicht auflässt, behält er sich das Eigenthum am Gut, oder sein sonstiges lehnsherrliches Recht am Grundstück, und damit den künftigen Rückfall des Gutes vor. Das Gut wird nicht aufgelassen, weil der Herr im Rechtsverhältniss zu dem Grundstück bleiben will. In dem Mangel der Auflassung wird ferner der formelle Grund für den Rechtssatz zu finden sein, dass der Lehnsherr dem Oberlehnsherrn und überhaupt Dritten gegenüber in der Gewere des Gutes bleibt, dass er, wie man es gewöhnlich ausdrückt, die Gewere seines Vasallen sich anzurechnen berechtigt ist. Er hat die Gewere zwar übertragen (durch die Investitur), aber sich doch der eignen Gewere nicht geledigt (keine Auflassung).

Aus anderem Grunde fehlt die Auflassung in den Fällen, wo ein Nichtbesitzer investirt. So ist die Investitur durch den Richter immer eine Investitur durch blosse Gewährung der symbolischen Apprehension (*per lignum* oder *baculum* u. s. w.), z. B. bei der italienischen *investura salva querela* im Fall der *contumacia* der Gegenpartei. In Sachsen hat bekanntlich später die Investitur durch den Richter, welche auf Grund einer Auflassung des Veräusserers in gleicher Form wie die Lehnsinvestitur erfolgte (Apprehensionsakt ohne Auflassung seitens des Richters), dem Akt der Eigenthumsübertragung am Grundstück den Namen der „Lehnsreichung" *(allodialis investitura)* gegeben. Die Investitur durch den Richter, überhaupt durch einen Dritten, hat daher, wenn sie volles Recht (das gleiche Recht, welches dem Veräusserer zustand) geben soll, stets die Auflassung an den Richter (oder den Dritten, z. B. den

Lehnsherrn) zur Voraussetzung[49]. Die blosse Apprehension („Investitur") ohne Auflassung lässt (abgesehen von den Fällen, wo wegen Ungehorsams im Process die Auflassung des bisherigen Besitzers supplirt wird) nur ein schwächeres Recht, geringer als das Recht des bisherigen Inhabers, übergehen[50].

Die symbolische Investitur durch blossen Apprehensionsakt können wir als die Investitur zu minderem Recht bezeichnen.

Dagegen ist die symbolische Investitur mit Auflassung eine Investitur zu vollem Recht, Uebertragung des ganzen Rechts, welches dem Veräusserer zuständig war. Diese Investitur dominirt auf dem Gebiete des Landrechts für die Veräusserung des Eigenthums. Sie hat häufig noch die beiden Akte: Apprehension und Auflassung, beibehalten[51]. Aber im Allgemeinen geht ihre Neigung dahin, den Apprehensionsakt abzustreifen und sich in eine symbolische Investitur durch blosse Auflassung zu verwandeln. Dies ist der Akt, welcher in so zahllosen Zeugnissen Nordfrankreichs, Belgiens, Deutschlands als *resignatio, effestucatio, werpitio, werp, déguerpissement, schottatio,* Verschiessung des Halmes, Aufgeben, Fertigen, sich Verzeihen mit Hand, Mund und Halm, Auflassung u. s. w.

---

49 In dieser Form erfolgte daher auch die Veräusserung des Lehns seitens des Vasallen: Auflassung des Vasallen an den Lehnsherrn und Investitur (Apprehensionsakt) des neuen Vasallen durch den Lehnsherrn.

50 Die Investitur durch den fränkischen König ist stets, auch wenn der König zu Eigenthum veräussert, eine Investitur *(per praeceptum)* ohne Auflassung, eine Thatsache, welche auf die zwischen *Waitz* und *Roth* verhandelte Frage nach der juristischen Wirkung der fränkischen Königsschenkungen neues Licht fallen lässt.

51 Der *ramus cum cespite* erscheint z. B. in Flandern bei Veräusserung von Grundeigenthum durch symbolische Investitur noch bis zum Ende des 11. Jahrhunderts, vgl. die Zeugnisse bei *Warnkönig*, Flandrische Rechtsgeschichte, Bd. III, 1, S. 79. 82, und deutet in norddeutschen Städten die Erhaltung des bekannten Ausdrucks „*torfaht egen*" auf die Conservirung derselben Sitte (vgl. *Grimm*, Rechtsalterth., S. 494). Ebenso bei der englischen *livery in deed*, oben S. 102 Note.

begegnet[52]. Noch ist die Bedeutung der Auflassung als Investiturhandlung im Rechtsbewusstsein lebendig. Die Auflassung wird vom Sachsenspiegel als „in die Were lassen" bezeichnet. Die Wirkung der Auflassung ist das eigenmächtige Besitzergreifungsrecht gegenüber dem Auflassenden[53]. Die Auflassung war einst der Schlussakt der Investitur. Jetzt ist sie zu einem Akt geworden, welcher die ganze Investitur ersetzt. Indem der letzte Akt der Investitur vollzogen wird, gilt die volle Investitur als perfect geworden. Sie ist daher das Mittel der Veräusserung zu vollem Recht[54].

Wir stehen am Ende unserer Aufgabe, sofern es sich um die Entstehungsgeschichte und die juristische Wirkung der Auflassung handelt[55].

Die Auflassung, ursprünglich ein Bestandtheil der

---

52 Ueber die flandrischen und nordfranzösischen Rechtsgebräuche vgl. *Warnkönig*, Flandrische Rechtsgeschichte, Bd. III, 1, S. 79 fg. und in der Zeitschr. f. deutsch. R., Bd. XIX, S. 221. Noch im 18. Jahrhundert heisst es in Belgien, dass das Gut veräussert wird „*mit wegwerpende hand en sprekende mond*", und wird die Auflassung als „*leveringhe van den halm*" bezeichnet; nach einer Stelle aus dem 15. Jahrhundert erfolgt die Auflassung des veräussernden Vasallen durch den „*jet d'un festu*" (ebendas. Note 6).

53 Vgl. oben §. 3. — Es versteht sich von selber, dass hier nur von der Auflassung als Rechtsübertragungsmittel die Rede ist. Daneben hat die Auflassung noch die Function eines allgemeinen Verzichtmittels, z. B. beim Erbverzicht, wo von Investitur keine Rede ist.

54 Dass die Vollziehung einer vollkommenen Investitur durch blossen Apprehensionsakt (wo also durch die Apprehension die ganze Handlung ersetzt wird), vgl. oben Note 23, als Ausnahme zu betrachten ist, ergiebt sich zur Genüge daraus, dass das Veräusserungsgeschäft zu vollem Recht nicht den Namen „Investitur", der im engeren Sinne den Apprehensionsakt bezeichnet, sondern den Namen „Auflassung" empfangen hat.

55 Bedeutung und Nothwendigkeit der gerichtlichen Auflassung, welche nach meiner Ansicht mit den Grundbesitzverhältnissen des dritten Standes, oder genauer, des kleinen Grundbesitzes zusammenhängt, also nicht für jede Art des Grundbesitzes gilt, zu entwickeln, muss einer anderen Stelle vorbehalten bleiben. Dass die Auflassung als solche kein gerichtlicher Akt ist, ergiebt sich aus dem Vorigen von selbst und ist bereits früher (Eheschliessung, S. 83 fg.) von mir bemerkt worden.

realen Investitur, ist als Form der symbolischen Investitur mit dem Veräusserungsgeschäft (Sale) in Verbindung gesetzt worden. Sie gab kraft ihres Wesens als symbolische Investitur dem Veräusserungsgeschäft die Kraft sofortiger Eigenthumsübertragung. Daher hat sie seit etwa dem 13. Jahrhundert bis auf den heutigen Tag dem deutschrechtlichen Akt der Eigenthumsübertragung am Grundstück ihren Namen gegeben.

Indem die symbolische Investitur sich in zwei Akte, einen blossen Apprehensionsakt und einen blossen Auflassungsakt spaltete, brachte sie auf der einen Seite die Form für die Begründung des Lehnrechts (Investitur), auf der andern die Form für die Veräusserung des Grundeigenthums, die Auflassung, hervor.

Solange das mittelalterliche deutsche Recht blühte, hat sich der Ursprung der Auflassung aus der alten „*giwerida*“ auch in ihrer rechtlichen Wirkung ausgedrückt, und sie gab zugleich das Eigenthum am Grundstück und den juristischen Besitz.

Nachtrag.

Für die Auffassung der Auflassung als symbolische Investitur bringe ich noch einen Beleg nach: *Hubert*, Antiquités historiques de l'église royale de S. Aignan à Orléans. Orléans 1661. Preuves p. 78. Urk. um das Jahr 1000 aus dem *Cartularium monasterii Aniani:* Rainardus bekennt mehrere Grundstücke des Klosters mit Unrecht zu besitzen. Er giebt sie zurück (*reddo*) — *ut vero istud firmius sit, virgam quam vocant vulgo derelictoriam, signum quidem redditionis et traditionis, super altare publice impono.* Vor Zeugen. Vgl. ebendas. p. 161.

Druck von F. A. Brockhaus in Leipzig.

Wegen der Sorge, den Druck der Festschrift sonst nicht rechtzeitig vollendet zu sehen, musste der Verfasser auf eine Revision verzichten, was leider die Folge hatte, dass eine Reihe sinnstörender Druckfehler nicht beseitigt wurden.

Seite	44	(4)*		ist aus der Z. 11 v. u. das erste *quos* an den Anfang der 10. Zeile zu setzen.
»	45	(5)	Zeile	2 v. o., statt: ertheilen lies: ertheilten
»	46	(6)	»	12 v. o., st.: *culturae*, l.: *cultura*
»	»	(6)	»	14 v. o., st.: *cruendam*, l.: *cruentam*
»	47	(7)	»	3 v. o., st.: *Justitoren*, l.: *Institoren*
»	»	(7)	»	7 v. o., st.: Dig. S., l.: Dig.
»	»	(7)	»	12 v. o., st.: Tacitus ann. 14, 44. Wohl hatte l.: Wohl hatte Tacitus (ann. 14, 44)
»	»	(7)	»	14 v. o., st.: *diversa*, l.: *diversi*
»	»	(7)	»	18 v. o., st.: haben, l.: hatten
»	»	(7)	»	3 v. u., st.: *Taranio*, l.: *Toranio*
»	»	(7)	»	4 v. u., st.: *aetates*, l.: *aetate*
»	»	(7)	»	6 v. u., st.: *Tolanius*, l.: *Toranius*
»	48	(8)	»	1 v. o., st.: *collegum*, l.: *collegium*
»	»	(8)	»	11 v. o., st.: ward, l.: war
»	49	(9)	»	8 v. o., st.: *agricolani*, l.: *agricolam*
»	51	(11)	»	5 v. u., st.: *nocebil*, l.: *nocebit*
»	58	(18)	»	7 v. o., st.: *indicis*, l.: *iudicis*
»	65	(25)	»	8 v. o., st.: *spectande*, l.: *spectanda*
»	»	(25)	»	10 v. o., st.: *quento*, l.: *quinto*
»	»	(25)	»	13 v. o., st.: *conital*, l.: *constat*
»	»	(25)	»	3 v. u., st.: *in ferre*, l.: *inferre*
»	»	(25)	»	9 v. u., st.: 560, l.: 56
»	66	(26)	»	4 v. o., st.: *dilapsa neque*, l.: *dilapsa quae neque*
»	67	(27)	»	9 v. o., st.: *alea*. l.: *alia*
»	»	(27)	»	13 v. o., st.: *raedia*, l.: *praedia*
»	»	(27)	»	1 v. u., st.: *ut illitatem*, l.: *utilitatem*
»	68	(28)	»	2 v. u., st.: *lex*, l.: *sex*
»	»	(28)	»	5 v. u., st.: *minatur*, *delata*, l.: *minatus*, *dilata*
»	»	(28)	»	7 v. u., st.: *Volleri*, l.: *Sollers*
»	»	(28)	»	12 v. u., st.: *mensuralum*, l.: *mensurarum*
»	71	(31)	»	4 v. o., st.: *triburorum*, l.: *tribunorum*
»	»	(31)	»	6 v. o., st.: *curalis*, l.: *curulis*
»	»	(31)	»	13 v. u., st.: *tractet*, l.: *tractat*
»	»	(31)	»	17 v. u., st.: *Sed a si*, l.: *Sed si*
»	72	(32)	»	14 v. o., st.: korinthen, l.: korinthien
»	»	(32)	»	15 v. u., st.: Nekrokorinthen, l.: Nekrokorinthien
»	73	(33)	»	15 v. o., st.: *temperandum*, l.: *temperandam*.
»	»	(33)	»	19 v. o.: st.: *meta*, l.: *mesa* u. st. *opposuit*, l.: *apposuit*
»	74	(34)	»	1 v. o., st.: *quenta*, l.: *quinta*
»	»	(34)	»	6 v. u., st.: (7, 8), l.: (1, 8)
»	78	(38)	»	7 v. u., st.: *aquaductu*, l.: *aquaeductu* u. st. l. 915 sq., l.: 66 sq.

* Die eingeklammerten Zahlen gehen auf die Seite des Separatabdrucks.

FSC
www.fsc.org
MIX
Papier | Fördert
gute Waldnutzung
FSC® C083411

Kolibri 360 GmbH
Ferdinand-Jühlke-Straße 7
99095 Erfurt, Deutschland
produktsicherheit@kolibri360.de